KB219395

너무 죽고 싶어서 너무 살고 싶어요

깊은 고난의 터널을 지나고 있는 당신에게

너무 죽고 싶어서 너무 살고 싶어요

의연 글 · 유세은 그림

규장

인트로

이 원고는 "클라이막스를 즐기시는 하나님"이라는
제목으로 출판사에 투고되었습니다.
하나님께서는 고난이 클라이막스에 치달아
제가 저의 약함을 철저하게 깨달은 후에야 비로소
주님의 방법으로 제게 평안을 선물하셨습니다.

그래야 하나님만 온전히 의지하기 때문일까요.
하나님께서는 제 고난의 기승전결에 동행하시며
저를 훈련하고 다독이셨습니다.

저는 모태신앙으로 착하게 살아왔고,
세상의 기준에서 성공한 사람이었습니다.
좋은 대학을 수석 졸업했고 졸업하기도 전에

대기업에 입사하였습니다.

어디에 가나 칭찬만 받던 온실 속 화초였습니다.

하지만 회사를 다니던 중 상사의 괴롭힘으로

중증의 우울증을 얻게 되었습니다.

우울증을 겪었던 지난 1년간

매일 죽고 싶었고

그럴수록 더 살고 싶었습니다.

이 책은 제게는 길고 험난했던

지난 1년의 훈련을 통해 깨달은

하나님의 섭리와 사랑을 기록한 것입니다.

그 1년은
저는 철저히 무너지고
주님은 온전히 서시는 시간이었습니다.
늘 주목받던 제가 철저히 잊히고
대신 하나님만을 기억하는 시간이었습니다.

제 것이라고 우겼던 많은 것들을 내려놓고 나니
제가 쉴 곳은 주님 품밖에 없음을 깨달았습니다.

매일 삐걱대기는 하지만
그래도 평안합니다.
늘 깨닫고 돌아서기를 반복하고 있지만
그래도 즐겁습니다.

저는 이제 막 20대 중반에 들어선 3년 차 직장인입니다.
아직 배운 것보다 배워야 할 것이 많은
어린 사람입니다.

어쩌면 평생을 깨달으며 살아가야 할
어리석은 사람일지도 모릅니다.

그럼에도 감히 이 글을 당신께 전하고 싶습니다.
하나님께서 이렇게 말씀하시는 것 같기 때문입니다.

"네게 준 나의 사랑을 저들에게도 전해주겠니?
내가 그들을 너무나 사랑한단다."

그래서 이 책을 놓고 이렇게 기도했습니다.
이 책이 계기가 되게 해달라고 기도했습니다.

믿는 사람들은 주님을 더욱 가까이 만나도록,
믿지 않는 사람들은 주님의 사랑을 느끼도록,
훈련 중인 사람들은 주님의 뜻을 깨닫도록,
이 책을 읽는 단 한 사람이라도 주님께서 품어달라고.

더욱 악하고 치밀해진 세상 속에서도
구별되어 살아가야 하는 '우리들'에게
이 글을 전하고 싶습니다.

혹여나 하나님이 나를 버리신 것은 아닐까,
고민하는 바로 지금 이 순간을 살아가는
'우리들'에게 전하고 싶습니다.

하나님은 '우리들'을 사랑하시고
하나님은 '우리들'을 포기하지 않으셨고
하나님은 '우리들'을 기억하십니다.
지금 당신이 하나님을 떠올릴 수만 있어도,
이것이 그 증거입니다.

저는 아직도 '참 좋다'라는 말 외에
하나님을 더 잘 설명할 수 있는
표현을 찾지 못했습니다.

그냥 마냥 좋은 하나님의 사랑을

하나님이 너무나 사랑하시는 당신이

꼭 받아 누리시기를,

주님의 손을 꼭 붙잡고

매일매일 승리하고 평안하시길

주님의 이름으로 축복합니다.

차례

들어가기

CHAPTER 01

정답은 성경에 있었어

이에 예수께서 말씀하시되 사단아 물러가라 기록되었으되
주 너의 하나님께 경배하고 다만 그를 섬기라 하였느니라
이에 마귀는 예수를 떠나고 천사들이 나아와서 수종드니라

마 4:10,11

매일 상처를 한가득 안고 집으로 향했다. 과장은 칼날 선 말들을 쏟아냈고, 나는 그 칼날을 온전히 가슴으로 받아냈다. 사실 그 아픈 말들보다 '혼자'라는 느낌이 더욱 아렸다. 집에 와서 참았던 눈물과 분을 쏟아냈다.

나도 모르게 던져서 망가뜨린 물건들로 방은 난장판이었다. 바닥에는 눈물 젖은 휴지가 가득했고, 내가 집어던진 소품들이 망가져 나뒹굴었다. 속이 상했다.

'내가 정말 아끼는 것들인데….'

회사로 향하는 아침이면 온몸에 땀이 가득했다. 아무리 닦아도 민망하리만큼 줄줄 흘러내렸다. 화장은 아무 의미가 없었다. 어차피 땀으로 다 지워지니까.

엄마는 그런 내가 걱정되어 다 큰 딸을 데리러 회사로 오셨다. 그것도 퇴근하기 네 시간 전부터. 딸이 언제 뛰쳐나올지 모른다는 생각에 점심을 드시고는 바로 오시곤 했다. 딸이 갈 곳이 없을까 봐….

과장은 늘 내 가치를 폄훼했고 조직 내에 퍼뜨렸다. 그로 인해 나는 늘 바보, 천덕꾸러기가 되었다. 내가 속한 사무실에서만 그런 줄 알았는데, 아니었다. 그는 공장과 연구소 등에도 사실을 부풀리고 은폐하여 나에 대해 안 좋은 소문들을 퍼뜨렸다.

한 번은 공장으로 출장을 갔는데, 그곳 팀장님이 말했다.

"OO과장이 하도 의연씨 얘기를 많이 하기에 대체 누군지 너무 궁금했어요."

이미 나에 대한 안 좋은 이야기가 돌았음을 직감하고 아무 대꾸도 하지 않았다. 순간, 그 자리의 분위기는 싸해졌다. 공장에 있는 팀장님이 수습해보려는 듯 말했다.

"사실 나도 OO과장과 많이 싸우기도 하는데, 의연씨 얘기를 그렇게 해서 좀 궁금했어요."

그러자 함께 있던 사람들이 모두 웃었다. 분명 좋은 얘기는 아니었을 것이었다. 순간, 나는 수치스러웠다. 공장 팀장님과 프로젝트 담당 사원에게 감사 인사를 한다고 이것저것 사 들고 간 내 손이 한없이 부끄러웠다.

나는 게임처럼 리셋 버튼을 누르고 싶었다. 내 처지와 나를 향한 사람들의 미움은 내가 도저히 해결할 수 없는 총체적 난국이었다. 그래서 그냥 리셋 버튼을 누르고 갓난아기부터 다시 시작하고만 싶었다.

나는 어려서부터 늘 주위의 칭찬을 들으며 살았다. 공부를 잘하는 모범생이었고 부모님 말씀도 잘 듣는 효녀였다. 사람들에게 인정받고 주목받았다. 무난하게 서울에 있는 명문대에 입학했고, 휴학 없이 수석으로 졸업했다.

그뿐 아니라 졸업하기도 전에 대한민국 5대 대기업 중 한 곳에 취직했다. 동기들 중 가장 어린 나이였다. 남들이 보기에는 무척 성공한 인생이었다.

그런데 나는 어느 순간 환자가 되었다. 나를 미워하고 괴롭히던 그 상사들 때문에 마음에 아주 큰 병을 얻었고 급기야 내가 나까지 부정하고 미워하는 지경에 이르렀다.

정신병적 증상이 없는 중증의 우울병 에피소드.

한국 질병 분류번호 F322

지금도 간수하고 있는 내 진단서의 병명이다. 흔히 말하는 중증의 우울증. 늘 부러움의 대상이던 나는 내 감정을 다스리지 못할 지경이 되었고 급기야 그냥 삶을 포기해버리고 싶어졌다. 어쩌면 인생의 가장 행복하고 축하받아야 할 그 순간 내 삶은 역전당했다.

그는 나를 참 미워했다. 내가 금수저가 아니니 근무시간을 다 채워도 휴무를 사용하면 안 된다 했고, 나 같은 딸을 낳은 죄로 우리 엄마가 고생이 많겠다고 했다. 또 나중에 남자친구가 담배를 피우면 뽀뽀할 때 담배 냄새가 날 거라고 하는 등 그는 내게 막말과 성희롱, 폭언을 서슴지 않았다.

당연히 그는 내가 업무적으로 잘되는 것도 싫어했다. 내 프로젝트에는 관심 없다며 어떠한 도움도 주지 않았다. 나는 사수의 가르침 없이 쉽게 갈 길을 어렵게 돌아가기 일쑤였고 많은 것들을 혼자 책임져야만 했다. 그럼에도 그는 주위 사람들에게 자신이 내 프로젝트까지 다 맡아 하느라 고생하는 것처럼 말하곤 했다.

사람들은 나를 은근히 따돌리기 시작했다. 직속 상사에게 그런 대접을 받으니 그들도 나를 무시했다. 하지만 당시 나는 내 일을 매우 사랑했기에 어떤 대우를 받든 문제 삼지 않았다. 유관부서 사람들이 일 열심히 잘한다고 이야기해주면 그저 기분이 좋아 야근도 즐겁게 하곤 했다.

그러던 어느 날, 내게 큰 변화가 일어났다. 내가 맡았던 프로젝트를 뺏기게 된 것이다. 정말 문자 그대로 하고 있던 업무에서 내쳐졌고, 어떠한 일도 부여받지 못한 채 내팽개쳐

졌다. 이로 인해 상사의 괴롭힘으로 켜켜이 쌓였던 우울한 감정들이 폭발했다. 그는 어디에도 소속되지 못한 나를 더욱 악독하게 괴롭히기 시작했고 나는 급기야 중증의 우울증 환자가 되었다.

내가 진행하던 프로젝트를 빼앗긴 대신 나를 괴롭힌 상사의 프로젝트에 서브 매니저로 편입됐다. 그는 내게 제대로 된 업무를 맡기고 가르칠 생각이 전혀 없었기 때문에, 나는 말이 좋아 서브 매니저이지 그냥 공식적인 천덕꾸러기가 된 것이다. 나를 회사에서 쫓아내고 싶으나 그럴 명분도 힘도 없는 사람들이 그저 나를 굴복시키고 자신을 과시하기 위해서 그렇게 배정한 것이다.

실제로 그는 내게 업무를 맡기지도 공유하지도 않았지만 이슈가 생기면 내게 떠밀었다. 나는 딱 밟기 좋은 그런 사람이 되었다. 그로 인해 나는 '일 못 하는 사람, 싸가지 없는 사람'으로 찍혔기에 당연한 결과였다.

나는 내 처지가 서러워서 새로 승진 발령받아 오신 팀장님에게 도움을 요청했다. 내 오판이었다. 새로운 팀장과 임원에게 과장이 내게 했던 성희롱과 폭언을 토로했지만 상황은 나아지지 않았다. 그들은 아무것도 하지 않았다. 결국 나는 조직의 명령에 따르지 않았다는 이유로 서러운 눈칫밥을 먹게 되었다.

나를 예뻐라 해주시고 인정해주시던 임원과 직속 팀장 모두 다른 곳으로 승진 발령이 나고, 나를 괴롭히던 과장과 함께 내 험담을 주도해오던 사람이 팀장으로 새로 발령받아 오게 되었을 때 이미 조직 내에서 내가 기댈 곳은 없었다.

이후에도 과장은 내게 프로젝트 현황과 업무를 공유하지 않았다. 내가 먼저 찾아가 할 일을 물어도 과장의 대답은 한사코 "싫다"였다. 그러면서도 다른 사람들에게는 늘 내가 일을 안 하고 일을 나누려 한다는 불평불만을 늘어놓았다. 새 팀장은 그의 말을 철석같이 믿으며 내게 예민함의 촉수가 발달되어 있다고, 내가 더 빠릿하고 적극적이면 되는 것 아니냐고 충고했다.

나는 정신병원에 다니기 시작했다. 매일 울었고 죽고 싶다며 칼을 가지고 다녔다. 이런 나를 두고 볼 수 없던 엄마가 나를 병원에 데려갔다.

당시 나는 누구도 내게 조언하는 것을 허락하지 않았다. 나를 사랑하는 사람들은 그를 미워하기보다 나 스스로를 다독이라 조언했다. 그를 미워하고 괴로워하는 것이 병이 될 만큼 내 건강을 해치고 있었기 때문이다. 그러나 나는 오히려 그들에게 화를 냈다. 그를 미워하는 것조차 방해하는 사람들이 너무나 미웠다. 이렇게 나는 나를 괴롭히는 사람들 때문에 내가 사랑하는 사람들에게까지도 상처를 주는 구제 불능이 되었다.

나는 매일 회사 화장실에서 울었다. 소리 없이 악을 쓰며 나를 때렸다. 그러면서도 회사 사람들이 내 사정을 안다는 것이 싫고 자존심이 상해서 우는 것을 들키지 않으려고 세수를 하고 화장을 고치고 화장실을 나왔다.

당시 엄마의 임무는 내가 죽지 않도록 감시하는 것이었다. 죽고 싶다는 딸과 함께 울어주는 것 외에 달리 해줄 수 있는 게 없었다. 나는 직장인이지 학생이 아니었기 때문이었다. 내 편이 되어주던 이전 임원도, 팀장도 떠나고 가족마저도 나를 도울 수 없는 상황에서 나는 철저히 버려졌다.

누군가는 내게 차라리 직장을 그만두라고 조언했다. 하지만 나는 그럴 수 없었다. 너무나 억울했다. 내가 어렸을 때부터 쏟아부었던 노력이 이 회사에 다니기에 충분하다고 생각해서였다. 어린 나이에 대기업에 입사해 안정적인 삶을 살기에 충분했기 때문이다. 지금도 연필을 잡았던 손가락뼈는 심하게 휘어져 있고 목과 허리뼈는 오랜 책상 생활로 굽어진 상태이다. 지금 보면 다 부질없는 것이지만 그때는 급변한 상황들을 도무지 이해할 수가 없었다. 단순 업무들을 마치고 퇴근하다 보면 야근하며 이슈 해결을 위해 고민하는 동기들의 모습이 부러워지기까지 했다.

'이렇게 가치 없이 살 바에는 죽자.'

엄마가 전도사님이었기에 내 주변에는 늘 좋은 목사님, 전도사님들이 가득했다. 엄마를 포함해서 이 소식을 들은 모든 믿는 사람들이 내게 성경을 읽어보라고 권했다.

그러나 나는 성경을 읽으려 하지 않았다. 성경이라면 많이 읽어왔고 나를 버린 것만 같은 하나님이 너무 미워 어쩌면 배신감까지 들었기 때문이었다. 모든 것을 다 하실 수 있으면서도 나를 고통 속에 내버려 두시는 게 원망스러웠다. 주일성수도 열심히 하고 착하게 살아온 나를 이렇게 버리실 수 있냐고 하나님께 화도 났다.

그래도 엄마의 간곡한 청을 무시할 수 없어서 주일에만 습관적으로 들고 다니던 성경책을 꺼내 들었다. 그런데 사실은 누군가의 간청 때문에 성경을 읽었다고 하기보다는 그냥 어느 날인가 성경을 읽고 싶었다. 그날은 미움이 조금은 걷히고 성경을 읽고 싶었다. 그냥 그런 날이었다.

신약을 읽기 시작했다. 마태복음의 네 번째 장까지 읽는데, 반복되는 몇 구절이 눈에 띄었다. 20년 넘게 교회를 다니며 평소에는 그저 그렇게 넘어갔던 말씀들인데, 그 의미가 다르게 와 닿았다. 그래서 성경을 한 자 한 자 공부하듯 읽어 나가기 시작했다.

성경이 내게 주는 첫 번째 메시지는 이것이었다.

"모든 답은 성경에 기록되어 있다."

예수님이 말씀으로 시험을 이기심으로써 이를 증명해 내셨다(마 4:1-11). 예수님은 공생애를 시작하시기 전에 사십 일을 금식하셨다. 그 후, 성령에 이끌리어 마귀에게 시험을 받으러 광야로 가신다. 그곳에서 마귀는 예수님에게 세 가지 시험을 걸어온다.

마귀는 예수님이 하나님의 아들이면 돌을 떡으로 만들어 먹으라 한다. 이때 예수님은 정말 단호하게 말씀하신다. "기록되었으되 사람이 떡으로만 살 것이 아니요 하나님의 입으로부터 나오는 모든 말씀으로 살 것이라 하였느니라"라고 하셨다. 예수님이 사십 일을 금식하셔서 주리신 것을 생각할 때, 이는 정말 단호한 시험 통과였다.

그러자 마귀는 두 번째 시험을 감행한다. 예수님을 성전 꼭대기로 모시고 가 하나님의 아들이거든 뛰어내리라 한다. 그리하면 하나님의 사자들이 받들어 발이 돌에 부딪히지 않게 하리라고 시험한다. 이때도 예수님은 "또 기록되었으되 주 너의 하나님을 시험하지 말라 하였느니라"라고 답변하시며 시험을 통과하신다.

이제 마귀는 마지막 시험을 가해온다. 예수님을 지극히 높은 산으로 모시고 가서 자신에게 엎드려 경배하면 이 모든 것을 주겠다고 말한 것이다. 예수님은 "사단아 물러가라 기록되었으되 주 너의 하나님께 경배하고 다만 그를 섬기라 하였느니라"라고 답하시며 세 가지 시험을 모두 통과하신다.

이 내용을 근본적으로 이해하기 위해서는 아담과 하와 이야기로 거슬러 올라가야 한다. 아담과 하와는 뱀의 간교한 속임으로 하나님께서 먹지 말라 하신 선악과를 따먹었다.

이로써 아담과 하와는 에덴동산에서 쫓겨났고 그들의 후손인 우리는 에덴이 아니라 이 험한 세상에서 살게 되었다. 즉, 아담과 하와 vs 뱀(사단)의 싸움에서 뱀(사단)이 승리함으로써 우리는 하나님나라를 잃었다.

예수님은 하나님이셨지만 인간의 모습으로 태어나셨고 육적으로는 아담과 하와의 후손이셨다. 이런 점에서 예수님이 시험에 승리하심으로써, 아담과 하와로 인해 잃어버렸던 하나님나라를 되찾을 수 있는 길이 열렸다고 해석할 수도 있다.

인간적으로 보면 사단의 제안은 솔직히 매력적이다. 하지만 예수님은 인간적인 모든 유혹을 물리치시고 덧없는 세상의 영광보다 영원한 하나님의 영광을 택하셨다.

그런데 내가 주목한 포인트는 이것이 아니다. 각 시험의 의미를 해석하는 것에도 관심이 없었다. 내가 주목한 것은 예수님의 말씀이었다. 예수님은 시험을 당하실 때마다 "기록되었으되"라고 말씀하셨다. 그 기록된 말씀을 통해 시험을 이기셨고, 우리에게 닥쳐오는 수많은 시험을 이길 원동력이 무엇인지 보여주셨다. 바로 '이미 기록되어 있는 주님의 말씀'이다.

나는 당시 정말 많은 시험을 마주하며 살고 있었다. 나를 괴롭히는 과장도, 나를 은근히 따돌리는 팀원들도, 그에게 복수하지 못하는 자신에 대한 분노도 전부 내게는 시험처럼 느껴졌다. 그런 내게 '기록되었으되'로 시험을 이기시는 예수님의 모습은 정말 인상적이었다.

내게 닥친 시험들을 이길 방법을 찾아내고 싶은 마음도 간절했다. 사실 이것은 사단의 시험이기에 앞서서 하나님께서 내게 주신 훈련인 것 같았다. 내 신앙의 정체성이 흔들릴 만큼 힘든 괴롭힘이 있었지만, 기도할 때마다 하나님께서 깨달음을 주시고 반성하게 하셨기 때문이다. 그래서 나는 보다 본격적으로 성경을 읽으며 내게 주신 하나님의 훈련을 승리로 끝낼 방법을 찾기로 했다.

실상을 자세히 살펴보면 성경 읽기, 기도, 찬양 등을 하다가도 사람들의 괴롭힘이 극심해지면 돌아서서 이것들이 다

예수님은 시험을 당하실 때마다
기록된 말씀을 통해 시험을 이기셨고,
시험을 이길 원동력이 무엇인지 보여주셨다.

무슨 의미냐고 악다구니를 써대기도 했다. 내 상황을 바로 바꾸지 않으시는 하나님을 원망하기도 했다. 그러면서도 꾸역꾸역 하나님께 매달렸다. 하나님에 대한 원망을 쏟아놓으면서도 왜인지 계속 성경을 읽어나갔다.

나는 모태신앙에 전형적으로 교회 열심히 다니는 모범생이었기에 사실 하나님에 대한 원망감도 배신감도 모두 처음 겪는 것이었다. 정말 그 어느 것도 익숙하지 않았고 성경 말씀 한 구절 한 구절 고민할 것투성이였다. 이렇듯 나는 오랜 기간 훈련을 받으며, 아주 느리게 이것을 깨달았다.

"모든 답은 말씀에 이미 기록되어 있다."

훈련을 거듭할수록 나처럼 훈련을 받고 있는 사람에게 조금이나마 도움이 되고 싶었다. 하나님의 훈련을 겪고 있는 누군가가 속히 주님의 뜻을 깨달을 수 있도록 구체적이고 현실적인 조언을 하는 매개체가 되고 싶었다. 또 하나님의 뜻과 섭리를 많은 이들과 공유함으로 모두가 하나님의 뜻에 맞춰 살도록 부탁하고 싶었다.

내 이야기는 정말 사소하고 누구나 현실에서 겪을 법한 이야기다. 세상은 점점 악해지고 이기주의가 팽배하는데 하나님의 자녀들은 한없이 착하고 선해야 하기 때문이다. 지금부터 내가 깨달은 것을 말씀과 함께 살펴보자. 모든 답은 이미 기록되어 있다.

하나님 나의 아버지,

우리의 상처를 어루만져주시고

주님의 선하신 계획을 신뢰하게 하옵소서.

주님 주신 말씀들을 아멘으로 화답하고,

하나님께서 제게 주신 말씀으로 받아들이게 하시오며,

주님 주시는 평안으로 승리하게 하옵소서.

예수님의 이름으로 기도드렸습니다. 아멘.

내려놓기

CHAPTER 02

내가 우상숭배를 했다니

여호와께서 모세에게 이르시되 너는 내려가라

네가 애굽 땅에서 인도하여 낸 네 백성이 부패하였도다

그들이 내가 그들에게 명령한 길을 속히 떠나

자기를 위하여 송아지를 부어 만들고 그것을 예배하며

그것에게 제물을 드리며 말하기를

이스라엘아 이는 너희를 애굽 땅에서 인도하여 낸

너희 신이라 하였도다

출 32:7,8

프로젝트를 뺏긴 후 내가 가장 처음 한 일은 '기도'였다. 아니, 하나님께 억울함을 토로하는 넋두리가 맞다. 프로젝트를 뺏긴 초반에는 그래도 내 상태가 양호했다. 하나님께서 곧 역전시켜주시리라는 믿음 때문이었다.

희망이 있었기에 열심히 기도하고 찬양했다. 내 승리를 고대하며 '승리'와 관련된 복음성가도 많이 들었다. 입사한 후에는 하나님을 찬밥 취급하다가, 상황이 내게 불리해지니 양심도 없이 하나님께 달려갔다. 마치 맡겨놓은 물건을 찾으러 간 사람처럼.

우울증에 걸릴 만큼 내 상태가 나빠진 건 내 헛된 기대 때문이었다. 애타게 기다려도 상황은 나아지지 않았다. 점점 기도와 찬양이 부질없게 느껴졌고, 기대가 실망으로, 실망이 분노로 바뀌었다.

당시 나는 하나님 말씀대로 살지 않고 내 멋대로 살았다. 하나님은 그런 내 인생에 개입하셔서 직접 가르치시기 위해 모든 환경을 세팅하셨다. 그래서 내가 깨닫고 회개할 부분을 다 토해내기 전까지 이 훈련은 끝날 수 없었다. 그저 잘못했음을 인정하고 철저히 회개하는 수밖에 없었다. 하나님의 뜻을 깨닫게 해달라고 눈물로 매달리는 것 외에는 할 수 있는 게 없었다.

그래도 하나님은 자비로우셨다. 이런 내 염치없는 기도에 깨달음을 주시고 죄를 회개하게 하셨다. 벌을 주시기보다 사랑의 회초리를 드셨다. 가르치시고 타이르시고 보듬어 주셨다.

하나님께 잘못한 부분이 있었기에 그것을 깨닫기 전까지 상황은 나아질 수가 없었다. 또한 하나님께서 나를 가르치시고 천국으로 이끌려 하셨기에 내 훈련은 끝날 수가 없었다. 지금은 알지만, 그때는 몰랐다.

✿

훈련 초기, 새벽 기도를 끝내고 집에 갈 때였다. 비록 하나님의 음성을 듣지는 못했지만 한 가지 생각이 마음을 스치고 갔다.

'내 회사 생활이 우상숭배로 가득 차 있었구나. 그 우상은 일, 회사, 원만한 인간관계였어. 내가 이것들을 우상으로 삼았기에, 일을 빼앗겨 고통스러워하고, 상사의 괴롭힘이 힘들었던 거야. 만약 그것들이 내 우상이 아니라면 이렇게까지 힘들어하지 않았을 거야.'

내가 만든 헛된 신을 잃어버리니 내 마음이 그렇게 아팠던 것이다. 멍청하게.

우상숭배는 신을 조형물로 만들어 그 앞에 절하고 제사 지내는 것만을 의미하지 않는다. 우상은 내가 하나님보다 사랑하고 우선시하는 모든 것이다. 내가 하나님을 떠나서도 살 수 있다고 생각하게 하는 그 모든 것. 사실 신앙인으로서 경계해야 할 우상은 눈에 보이는 우상이 아니라 눈에 보이지 않는 우상들이다.

나는 회사원이 된 후, '일'을 우상으로 삼았다. 언제 어디서든 일을 생각했다. 그러다 하나님보다 일을 더 우선순위에 두는 헛된 삶을 살기 시작했다. 예배 시간에도 몸은 교회에 있지만 머리로는 내게 닥친 업무들을 고민했다. 정말 시도 때도 없이 일 생각만 했다. 급기야는 마음에서 하나님의 자리를 밀어내고 일이라는 헛된 신을 두기 시작했다.

업무에서 승승장구하니 이 모든 것이 내가 잘나서 된 것이라고 착각하기 시작했다. 예배도 대충 드렸다. 점점 하나님 없이도 살 수 있다고 착각에 빠졌다.

우습게도 나는 정말 열정적으로 일했다. 다른 층에 있는 모르는 사람들에게 질문하는 것도 망설이지 않았다. 비록 과장은 나를 미워하고 내 선배는 퇴사 날짜를 정해놓은 상황이

우상은 내가 하나님보다 사랑하고 우선시하는 모든 것이다.

나는 회사원이 된 후, '일'을 우상으로 삼았다.

라 업무를 제대로 익힐 수 없었지만, 다른 팀에 가서 물어서라도 주어진 일을 처리했다. 아니, 주어진 것보다 더 많은 일을 처리했다. 마치 이 프로젝트가 내 인생인 것처럼.

"팀에서 이런 것도 안 가르쳐주냐?"

이런 소리를 들을 만큼 팀에서 배운 게 없었다. 그러나 일이 너무 좋았기에 아랑곳하지 않았다. 신입사원 주제에 예전 담당자들이 처리하지 못하고 그대로 묵혀둔 이슈들을 처리하는 것도 마다하지 않았다.

비록 내 팀에서는 배척당했지만, 다른 팀 사람들은 나를 열정적이고 유능한 사람으로 평가했다. 내 삶의 전부라 고백하던 예수님도 잊어가며 밤낮없이 일했기에 세상 사람들의 예쁨을 받는 게 어쩌면 당연했다. 그럴수록 나는 하나님께 잘 보이기보다 사람들에게 잘 보이려 더욱 노력했다.

최소 10시까지 야근은 기본이었다. 내 업무에 대해 지나친 자부심과 권위의식을 느꼈다. 힘들다고 투정하면서도 내 업무가 얼마나 어려운지 자랑하고 싶었다. 아무나 할 수 없는 일이라고 착각하기 시작했다.

주변 환경 역시 내 헛된 욕망과 생각들을 펌프질했다. 회사의 자체 특성상 신입사원에게도 많은 권한이 부여되었고, 내가 입사한 직후 선배가 퇴사하여 자연스레 선배의 일도 하게 됐다. 신입사원이 높은 연차의 권한과 책임까지 이어받게 되니 동기들보다 내 권한과 책임이 더 커질 수밖에 없었다.

이런 환경이 나를 더 자극했다. 이 모든 것이 '내가' 잘났기 때문이며, 하나님 없이도 '내가' 잘 해냈다고 착각하게 만들었다. 그래서 훈련이 시작되고 사람들에게 철저히 버려졌을 때 그 고통을 견딜 수 없었다. 더 이상 잘날 수 있을까 싶을 정도로 높이 올라가기만 하던 내 삶이 한순간 끝을 알 수 없는 나락으로 곤두박질쳤기 때문이다.

너무 아팠다. 누구도 날 도와주지 않았고 그들이 보내는 눈총은 너무 아렸다. 무엇보다 그럴수록 더 초라하고 비참해지는 내가 낯설고 싫었다. 그들과 마찬가지로 내가 나를 미워하게 되었다.

굴지의 대기업에서 일했기에 또래들보다 훨씬 높은 연봉을 받았다. 먹고 싶고 갖고 싶은 것들을 자유로이 살 수 있었다. 이전보다 경제적으로 여유로워졌다. 내 친구들은 여전히 대학생이거나 졸업 후 취업 준비를 하고 있었기 때문에 이 역시 나를 교만하게 했다.

당시 일은 달콤한 보상을 주었고, 나는 그 대가로 나를 바쳤다. 하나님보다 내게 경제적 보상과 우월감을 주는 일에 더 집중하며 점점 하나님을 잊어갔다.

지금 생각하면 오만하고 멍청했다. 권한과 책임이 커질수록 하나님께 감사하고 하나님의 음성을 들으려고 노력했어야 했다. 그 권한과 책임은 하나님께서 허락하셨기에 내게 있었던 것이므로. 그때의 나는 틀렸다. 아주 많이 오만하고 멍청했다.

하나님께서 이런 교만한 모습을 보시고 나를 멈추셨다. 지옥으로 달려가는 딸을 보시고 내 삶에 깊이 개입하셨다. 하나님 없이 살 수 있다고 까부는 딸이었지만 포기하지 않으셨다.

이런 내 모습은 출애굽 하던 이스라엘 백성들의 모습과 닮았다(출 32:1-10). 하나님은 오랜 기간 애굽의 압제 아래 살던 이스라엘 백성들을 불쌍히 여겨 출애굽 시키셨다. 그 과정에서 그들은 애굽에 내려진 열 가지 재앙과 홍해를 가르신 하나님의 기적을 직접 체험했다.

그러나 그들은 우상을 만들었다. 모세가 십계명을 받기 위해 시내 산에 올랐던 그 며칠 사이, 아론에게 자신들을 인도할 신을 만들어 달라 요구했다. 아론은 금송아지를 만들고 이스라엘 백성은 그것에 제사를 지냈다.

이스라엘은 하나님을 온전히 의지하지 못하고 하나님을 잊었다. 하나님의 역사를 체험했으면서도 하나님을 기다리지 못하고 그저 자신들이 원하는 방향대로 불안을 잠재워주고 만족감을 줄 신을 만들어 하나님보다 앞서나가는 교만을 저질렀다. 하나님의 뜻에 맞춰 살려 하지 않고 자신의 뜻을 내세울 수 있는 우상을 만들었다.

하나님은 이런 이스라엘의 모습에 분노하셨다. 그로 인해 그들 중 많은 사람이 죽었다. 그들은 철저히 모든 걸 잃은 후에야 자신들의 죄를 회개했다.

나 역시 마찬가지였다. '일'이라는 우상을 만들어 하나님 대신 '일'을 찬양했다. 하나님의 뜻을 구하기보다 내 뜻을 앞세웠고 내 뜻을 마음껏 펼칠 수 있는 '일'을 하나님 대신 선택해 나의 만족을 추구했다. 경제적 보상과 영향력 등 하나님은 기뻐하지 않으시나 나는 원하는 안정감을 얻기 위해 하나님을 외면해갔다.

하나님보다 '일'을 더 사랑했다. 이스라엘 백성들이 그들을 인도한 분이 하나님이심을 잊은 것처럼, 나도 하나님이 아니라 내가 모든 것을 이뤘다고 생각했다. 그리고 소중히 여기던 것들을 다 잃은 후에야 깨닫고 회개했다.

어쩌면 나는 이스라엘 백성들보다 더 나빴을 수 있다. 나는 믿는 척했기 때문이다. 그들은 하나님을 잊고 금송아지를 섬겼지만, 나는 분명 하나님이 계심을 알고 있었고 잊지 않았다. 그럼에도 '일'이라는 우상을 섬겼다.

주일에는 교회에 가서 온갖 착한 척을 다 했다. 성가대도 서고 학생부 교사로도 봉사했다. 하나님과 사람을 기만했다. 하나님께도 사람들에게도 "나는 하나님 믿는 사람"이라고 자신 있게 말했다. 마음에서는 하나님을 지워나가고 있었으면서 내가 필요할 때는 하나님을 찾았다. 뻔뻔하게.

훈련을 받으면서 하나님은 질투의 하나님이시라는 것을 알게 되었다. 하나님은 한없이 자비하시지만, 그분을 부정하고 다른 신을 섬기는 것은 절대 용납하지 않으신다.

이제 나는 누군가 삶이 고달프다고 상담을 요청하면 삶의 우상이 없는지를 꼭 물어본다. 하나님은 우리를 사랑하시기에 우리가 다른 곳에 한눈팔지 않고 진정 온 마음과 정성을 다해 하나님만 사랑하기를 원하신다. 그래야 천국 백성이 될 수 있기 때문이다. 하나님은 천국에서 우리와 함께하시기를 간절히 원하신다. 그런 하나님의 소망을 뿌리치기에 우리는 너무 연약한 존재들이다.

주 아버지 하나님. 죄송합니다.

제가 하나님 외에 일과 회사 등 세상의 것들을

제 우상으로 삼았습니다.

하나님 자리에 그것들을 가져다 놓고

하나님이 계신 것을 무시해버렸습니다.

하나님 외에 다른 신을 두지 말라시던

하나님의 계명을 잊었습니다.

잘못했습니다. 용서해주세요.

이를 깨닫게 하심을 감사합니다.

이런 죄인임에도 깨닫게 하시고

주님 품으로 다시 온전히 불러주시니 감사합니다.

주여. 내 아버지 하나님이여.

그런데 딸은 아직도 연약하여,

다시 세상의 것들을 욕심내고

그것들을 제 우상으로 삼을 수 있습니다.

그러니 주여, 제 손을 절대 놓지 마시고

늘 눈동자와 같이 지키시며

사단 마귀가 절대 틈타지 못하도록

주의 팔로 보호해 주옵소서.

예수님의 이름으로 기도드렸습니다. 아멘.

CHAPTER 03

더는 멀어질 수 없어

나는 포도나무요 너희는 가지라

그가 내 안에, 내가 그 안에 거하면

사람이 열매를 많이 맺나니

나를 떠나서는 너희가 아무것도 할 수 없음이라

사람이 내 안에 거하지 아니하면

가지처럼 밖에 버려져 마르나니

사람들이 그것을 모아다가 불에 던져 사르느니라

요 15:5,6

입사 후 하나님보다 사람을 더 먼저 찾았다. 문제가 생기면 발을 동동거리다 주변 사람들에게 도움을 청했을 뿐 하나님께 기도하지 않았다. 생각해보니 한 번도 하나님을 먼저 찾았던 적이 없다.

하나님께서는 훈련 초기부터 이것을 지적하셨다. 하나님이 아니라 사람을 먼저 찾는 내 모습을 돌아보라 하셨다. 왜 믿을 것 못 되는 사람을 의지하는지 물으셨다. 모든 것을 다 잃고 눈물로 기도할 때, 내가 무슨 일만 생기면 사람에게 쪼르르 달려가는 모습을 떠오르게 하셨다. 그로 인해 내가 하나님으로부터 멀어졌음을 깨닫게 하셨다.

관계가 힘들고 일이 어려울 때면 가장 먼저 선배와 동기가 떠올랐다. 하나님이 아니었다. 하나님의 딸이라 자부하면서 그분의 지혜가 아니라 세상 지식을 구했다. 그럴수록 일은 더 꼬였고 관계도 더 어려워졌다. 너무나 괴로웠다.

돌아보니 상사의 괴롭힘에 대해 질릴 만큼 '사람'과 상의했다. 사람에게 내 모든 속마음을 들려주었다. 그럴수록 상사와의 불화에 대한 소문이 더 커지고 왕성해졌다.

처음에는 과장이 퍼뜨리는 헛소문에 반격하며 그의 악행의 증거와 증인을 만들 생각으로 사람들에게 내 고민을 털어놓았다. 그러나 이것이 나를 더 망치고, 과장과의 대립 구도를 더욱 공고히 했다. 그 와중에 내 편 아닌 사람들이 주는 표면적 위로를 즐겼다. 사람이 아니라 하나님께 상의했어야 했는데 난 바보처럼 의지할 대상이 아닌 사람을 의지했다. 지금은 아는데, 그때는 몰랐다.

실제로 과장은 나를 모함했다. 모든 것이 앞뒤가 잘린 채 그에게 유리한 상황으로 꾸며졌다. 그는 한없이 인자하며 일도 열심히 하는데 버릇없는 내가 무능한 주제에 그에게 대항한다는 것이었다. 모든 소문의 레퍼토리가 똑같았다. 이런 소문은 다시 내 귀에 들려왔다.

사람들은 그의 앞에서는 나를 욕하고 내 앞에서는 나를 위했다. 그들은 내가 솔직히 말하는 것을 좋아했다. 그래야 선후임이 싸우고 반목하여 막장으로 치닫는 자극적인 소문이 생기기 때문이었다. 그래야 그들이 키득거리며 술안주 삼아 씹을 거리가 생기기에, 소문을 들은 다른 팀에서 물어올 때 무엇이라도 아는 양 떠들 것이 생기기에, 그들을 위해 내가 더 솔직해지길 바랐다.

그러나 하나님은 다르셨다. 내가 속마음을 다 털어놓기 바라셨을 뿐 아니라 내 문제를 해결해주고 싶어 하셨다. 내가 미주알고주알 이야기하는 것을 좋아하셨고, 나를 위해 내 목소리를 듣고 싶어 하셨다.

하루는 기도하는데 하나의 이미지가 선명히 보였다. 내가 아주 인자한 분의 품에 안겨 울고 있었다. 예수님의 품이었다. 품에 안긴 나는 내 뒤쪽의 사람들을 가리키며 그들이 나를 얼마나 괴롭게 했는지, 나를 얼마나 비참하게 만들었는지, 얼마나 수없이 많은 악행과 폭언으로 나를 여러 차례 죽였는지 울부짖었다. 처음으로 온전한 내 편을 만난 것처럼 아주 서럽고 처절하게 토해냈다. 그들을 돌아서 쳐다볼 시간도 없다는 듯이 그냥 엉엉 울고 또 울었다.

지금 생각해도 그 괴로움이 무엇이었는지 말로 다 하기 어렵고 내 아픔을 표현할 수준의 단어가 없다고 생각했는데, 그때는 품에 안겨 최선을 다해 토해냈고, 놀랍게도 예수님은 다 알아들으시는 것 같았다. 마치 이미 다 알고 계셨지만 내 마음이 풀리도록 들어주고 위로해주실 준비가 되었다는 듯이. 품에 안겨있었지만 왜인지 그 따뜻한 미소가 보이는듯했다.

그 미소는 따뜻했으나 강했고 인자했으나 단호했다. 마치 내 뒤에 있는 사단 무리의 존재감은 어떠한 위협도 아니며, 주님의 시선을 줄 필요조차 없는 하찮은 존재라 하시는 것처럼. 나 말고 그들은 신경조차 쓰지 않으시는듯했다.

"저 사람들이 저를 괴롭혀서 너무 힘들었어요."

"저 사람들이 저를 괴롭혀서 너무 힘들었어요."

예수님은 나를 꼭 안아주셨다. 그러자 그들이 당황하며 머쓱해했다. 그들을 조종하고 있는 악한 사단이 어쩔 줄 몰라 했다. 사단은 주님 품에 안겨 있는 나를 아주 시무룩한 시선으로 보고만 있을 뿐이었다. 그 순간 사단은 무력했고 두렵고 불안해했다. 별것도 없으면서 센 척하고 골목대장 노릇하다 정말 센 사람을 마주해 머쓱해 하는 딱 그런 꼴이었다.

이렇듯 당연히 사람이 아닌 예수님 품으로 내 시선을 두었어야 했다. 예수님 품에 있어야만 했고, 그분께 아뢰어야만 했다. 나는 하나님의 딸이니까. 예수님만 나를 이해하시고 지켜주시고 아껴주셨다. 그리고 예수님만 강하셨고 평안했다. 부모 품을 떠나 불안해 숨어있는 자녀를 다 알고 이해하고 용서하는 인자함으로 찾아온 부모님의 모습. 그 모습이 딱 예수님이셨다.

✿

성경에는 예수님의 여러 비유가 나오는데, 그중 신앙과 인생의 근본이 담긴 비유가 있다.

"나는 포도나무요 너희는 가지라"(요 15:1).

나는 예수님 곁을 떠나서 혼자서는 살 수 없는 가지에 불과했다. 사단은 예수님 품을 떠난 나를 전혀 두려워하지 않았고 수없이 공격했다. 그가 두려워한 존재는 오직 하나님뿐이었다. 사단은 하나님 품 안에 있는 그 무엇도 건들지 못하는 것과 마찬가지로, 하나님 품을 떠난 그 무엇도 두려워하지 않았다. 오히려 세상이 그를 두려워하도록 종용했고, 스스로 세상의 주인이 되어 왕 노릇 하려 했다.

마치 포도나무에 붙어 있는 가지 위에는 감히 앉지도 못하는 새가 포도나무에서 떨어져 나뒹구는 나뭇가지는 수없이 쪼아대고 부러뜨려 자신의 둥지에 모아두는 꼴과 같았다.

포도나무 비유를 설명하신 요한복음 15장의 말씀을 요약하면 이렇다.

하나님 → 농부

예수님 → 포도나무

우리들 → 가지

이 비유를 통해 우리 신앙의 근본을 찾을 수 있다.

"우리는 하나님과 떨어져 살 수 없다!"

집 나가면 개고생이듯 하나님과 떨어지면 개고생한다. 그러다 잘못을 깨닫고 회개하면 천국행, 삶이 끝나는 날까지 고집을 부리면 지옥행이다. 다시 한번 강조하지만, 사단은 새처럼 나무에서 떨어진 가지를 수없이 쪼아대고 망가뜨린

후 자신의 둥지에 모아둔다. 뿐인가, 가지가 포도나무에서 떨어져 나가길 강하게 염원하며 자신의 날갯짓으로 바람을 일으킨다.

사실 나무에 붙어 있는 가지를 고작 날갯짓의 작은 바람으로 떨어뜨린다는 것은 불가능하다. 하지만, 사단은 여기에 약간의 장치를 더한다. 우리가 가진 미움, 시기, 질투, 불안 등의 감정을 자극하고 더욱 세차게 날갯짓을 해댄다. 결국 사단과 가지의 합작으로 가지가 나무에서 떨어져 나뒹굴게 된다. 세상 부귀영화를 다 줄 듯 가지를 꼬여내던 사단은 이제 나무에서 떨어져버린 가지를 세차게 공격한다. 떨어져 나간 가지는 마르고 상하여 버려진다.

농부인 하나님은 이렇게 피폐해진 가지들을 주워 다시 나무에 붙이시고 올바른 모양을 잡으신다. 이 과정이 가지에게는 살길임에도 아픈 것은 분명하다. 그래서 가지밖에 되지 않는 우리가 할 수 있는 최선은 나무에 꼭 매달려 있는 것이다. 새가 날갯짓하며 나의 나쁜 선택을 종용하더라도 악착같이 나무에 붙어 있는 것이다. 그리고 이때 농부인 하나님께서는 가지 하나하나를 돌보시며 위로하신다. 이것이 우리가 살아온, 살고 있는, 살아갈 인생의 여정이다.

이렇듯 우리를 비유하는 가지에는 세 가지 특징이 있다.

첫째, 가지는 나무를 떠나서 살 수 없다. 가지의 당연하지만 가장 중요한 특성이다. 우리는 주님을 떠나서 살 수 없다. 나무이신 주님께 영양분을 공급받지 못하면 가지는 말라 죽는다. 스스로 열매 맺을 수도 없다.

나무에서 떨어져 나간 가지는 시간이 지나 사람들의 손에 불태워진다. 나무에서 떨어져 나간 가지는 가치가 없다. 열매 맺는 것은 고사하고 그저 생명이 다한 막대기에 불과하기 때문이다. 나무에서 떨어져 죽어버린 가지는 그저 불태워질 뿐 다른 선택지가 없다.

둘째, 가지는 나무에 맞는 열매를 맺는다. 가지가 존재하는 가장 큰 목적은 열매 맺는 것이다. 열매는 나무의 종류에 따라 다르다. 예수님이 우리에게 바라시는 열매는 선교, 봉사, 구제, 전도 등 여러 가지일 수 있다. 하지만 공통점이 하나 있다. 하나님께서 설계하신 대로 열매 맺어야 한다는 것이다.

포도나무는 포도를 맺도록 필요한 영양분을 취하고 화학작용을 하는데, 가지가 이를 거부하고 자신이 원하는 다른 열매를 맺을 수는 당연히 없다. 이는 가지만 애달프고 힘들 뿐, 미안하지만 아무런 의미가 없다.

주님이 우리 안에 계시고 우리가 주님 안에 있어야 열매가 맺힌다. 그럴 때에만 참된 열매가 맺힌다. 나무이신 예수

가지인 우리가 할 수 있는 최선은
나무에 꼭 매달려 악착같이 붙어 있는 것이다.

님이 포도나무이신데 가지가 배, 감 등의 열매를 맺을 수는 없다.

셋째, 농부의 손에 의해 길러진다. 농부는 가지를 다듬기도 하고 보호대를 설치하기도 하며 자신이 원하는 모양대로 나무를 다듬는다. 우리도 마찬가지다. 하나님의 작품이 되기 위해 주님의 계명을 지켜야 한다. 또한 농부의 뜻에 순종하며 그가 원하는 모양을 내기 위해 노력해야 한다.

가지가 일정 모양을 내야 하는 시기가 정해져 있다. 그 시기가 지났음에도 농부가 원하는 모양을 갖추지 않고 끝까지 주인의 뜻에 맞게 자라지 않으면 가지는 잘리고 말 것이다. 가지가 평생 고집을 피울 수는 없다. 농부의 뜻에 순종하여 그때를 놓치지 않아야 한다.

하나님에게서 멀어지고 그분의 소리를 듣지 않으면, 사람은 의미가 없는 막대기에 불과해 곧 잘려 나갈 것이다. 이것만 꼭 기억하자.

'나는 가지이다. 나는 스스로 열매를 맺을 수 없으며, 나무의 종류에 맞는 열매를 맺어야 한다. 모든 것은 농부의 뜻에 달렸다.'

그동안 나는 주인인 농부에게 아뢰지 않고 누구에게 살려달라고 외쳤던 것일까?

사랑의 주 하나님 아버지. 감사드립니다.

부족한 제게 친히 나무가 되어 주시고

그저 죽을 수밖에 없는 죄인에게

주님과 연결된 복된 가지의 축복을 주셔서 감사합니다.

그럼에도 저는 주님 곁을 떠나려고만 했습니다.

죄송합니다. 또한 다시 한번 감사드립니다.

다시 주님의 복된 가지로 삼아주시고,

불에 태워져버리도록 두지 않으시며,

주님의 자녀로 살게 해주셔서 감사합니다.

늘 하나님께서 바라시는 열매,

주님의 뜻을 이루는 열매를 맺는 가지가 되도록

주여, 인도하여 주시옵소서.

예수님의 이름으로 기도드렸습니다. 아멘.

CHAPTER 04

한눈팔면 안 돼

제자들이 다 예수를 버리고 도망하니라
한 청년이 벗은 몸에 베 홑이불을 두르고
예수를 따라가다가 무리에게 잡히매
베 홑이불을 버리고 벗은 몸으로 도망하니라

막 14:50-52

우선순위는 나를 정의한다. 내 선택이 모여 삶을 구성하기 때문이다. 한동안 그 선택의 기준은 '일'이었다. 회사와 일에 내 모든 정체성을 두었다.

내가 프로젝트를 빼앗기고 우울증 판정을 받자 나를 사랑하는 사람들은 차라리 회사를 그만두라고 조언했다. 그럴 때마다 나는 이렇게 답했다.

"죽어도 사원증을 목에 걸고 사무실에서 죽을 거예요."

어느 순간 '일'과 '인간관계'가 우선순위의 최상위권이 되었다. 하나님을 잊어갔다. 하나님을 우선순위 저 밖으로 팽개쳐 버렸다. 그분은 늘 내 곁에 계셨기에 그래도 된다고 생각하고 예수님에게 상처를 드렸다. 그럼에도 예수님은 날 사랑하셨다. 그분의 짝사랑을 받는 나는 늘 죄송스러웠다.

예수님은 이천 년 전에도 우리에게 배신당하셨다. 우리는 그때도 그분을 우선순위 밖으로 밀어냈다. 예수님은 우리에게 너를 위해서 이 세상을 만들었고 너를 위해서 나를 버렸다고 말씀하시는데, 우리는 이런 사랑을 무시하고 당연히 받을 것을 받는 것처럼 행동했다. 예수님은 늘 채무자가 되셨고 우리는 늘 채권자가 되었다. 예수님은 우리를 위해 목숨도 아끼지 않으셨는데, 우리는 한낱 죄인인 우리의 목숨을 보전하기 위해 그분을 버렸다(막 14:43-52).

예수님이 십자가에 달리시기 위해 잡히시던 밤, 제자들은 모두 도망갔다. 심지어 한 청년은 벗은 몸으로 도망쳤다고 성경에 기록되었다.

예수님이 그렇게 많은 병자들을 고쳐주시고 귀신을 쫓아 괴로움에서 건져주셨건만, 주고 더 주기를 아끼지 않으셨건만 그때 예수님에게는 따뜻한 눈빛이라도 보내는 사람이 한 사람도 남아있지 않았다. 대제사장과 서기관들에 맞설 용기는커녕 죄송스런 마음을 가진 단 한 사람도 없었다.

예수님을 은 30냥에 팔아넘긴 유다만이 죄인이었을까? 예수님은 유다에게뿐 아니라 아끼시던 제자들과 따르던 무리 모두에게 철저히 버림받으셨다. 그들 중 유다보다 올바른 모습이었다고 자신 있게 이야기할 수 있는 사람이 있었을까? 유다를 탓할 수 있는 사람이 있었을까?

제자들을 닮은 내 모습에 씁쓸했다. 예수님께 죄송하고, 그럼에도 보여주신 사랑을 염치없이 넙죽 받은 것이 더 부끄러웠다. 나는 작은 시련과 고통에도 예수님을 쉽게 버려왔다. 아니라고 부인했지만, 순간순간 그분의 사랑을 외면했다. 누구도 내게 예수님을 믿는다고 위협하지 않았음에도 일상에서 그분을 밀쳐냈다. 어쩌면 예수님을 귀찮아했던 것일 수도 있다. 이제는 예수님이 필요 없다며 문전박대 했을 수도 있다.

앞서 말했듯, 실제로 당시 몸은 교회에 있으면서 머리로는 딴 생각을 했다. 일이 잘 안 풀리고 인간관계가 틀어질 때마다 기도하기보다 사람과 의논했다. 혹은 다른 사람들이 썼던 보고서 등을 찾아가며 나 스스로 문제를 해결할 방법을 찾아갔다.

불안할 때마다 예수님 손을 쉽게 놓았다. 그분을 투명인간 취급하며 내 눈에 보이는 사람의 손과 나의 손을 잡았다.

"예수님은 지금 당장 나에게 말해주지 못하잖아요. 저 사람들은 비슷한 경험도 했고 지금 찾아가도 만날 수 있어요!"라며 그래도 찾아와 주신 예수님을 비참하게 만들었다.

종교의 자유가 허락되고 존중되는 이 시대에 사는 우리는 예수님을 배신하지 않고 살고 있다고 하지만, 우리가 예수님의 사랑을 외면하고 천대하는 것 자체가 예수님을 향한 배신이다. 기껏 키워줬더니 머리가 컸다고 하나님보다 잘났다 하는데 이것이 예수님의 사랑에 대한 배신이 아니고 무엇이겠는가.

내 잘못된 우선순위로 내 멋대로 살았으면서 하나님의 딸이길 바랐다. 하나님께 복 받기를 바라고 내 것을 내놓으란 듯이 그분께 당당히 요구했다.

"내 권리를 주세요!"

어쩌면 나는 성경의 탕자보다 더 뻔뻔하게 요구했다. 아직도 내게는 많은 회개가 필요하다.

하나님께서는 나를 위해 회초리를 드셨지만, 이내 피가 나는 내 종아리에 눈물을 흘리며 연고를 발라주셨다. 나는 스스로 잘났다고 그분을 내 마음에서 쫓아냈지만, 주님은 이런 못된 내가 돌아오길 목이 빠져라 기다려주셨다.

주님은 내 마음에 다시 와달라는 내 요청을 외면하지 않으셨다. "제발 나 좀 살려주세요" 하는 내 요청을 흔쾌히 수락하셨고, 더 큰 사랑과 가르침으로 내 마음에 자리잡으셨다.

❀

모두가 알고 있듯이 예수님은 우리의 죄를 사해주시기 위해 십자가를 지고 돌아가셨다. 십자가라는 단어가 익숙하여 그것이 얼마나 끔찍한 고통이었는지 잊기 쉽다. 하지만 십자가형은 매우 치욕스럽고 모진 사형법이었다. 당시 사람들은 땅이 신성하니 죄인의 몸을 땅에 둘 수 없다며 높은 막대에 죄인을 매달아 죽였다.

그뿐 아니라 동물의 뼛조각이 박힌 채찍으로 죄인을 치고 자신이 달릴 십자가를 지고 형장까지 가도록 했다. 가까운 길을 두고 사람이 많은 곳으로 돌아가게 했다. 로마 시민권자들은 어떤 죄를 지어도 십자가형으로 사형당하지는 않았다. 그만큼 이 형벌은 치욕스럽고 고통스러웠다.

예수님은 죄가 없으신, 순전하고 온전하신 분이셨다. 하나님의 아들이셨기에, 하나님이셨기에 죄가 없으셨다. 또한 십자가를 박차고 나갈 능력도 있으셨다. 사람들은 "하나님의 아들이면 스스로 구원하라!"라며 그분을 조롱했다.

그런데 예수님은 이런 모독도 참으시면서 십자가를 지셨다. 우리를 너무 사랑하셨기 때문이었다. 우리가 죄 가운데 빠져 지옥에 가는 것을 두고 보실 수 없으셨다. 채찍질이 얼마나 아프셨을까, 십자가를 지고 가시는 그 길마다 만나는 사람들의 눈총이 얼마나 아리셨을까.

하나님도 예수님도 아셨을 것이다. 십자가가 얼마나 고통스러운 형벌인지. 예수님도 인간으로 오셨기에 그 고통을 고스란히 느끼셨다. 실제로 예수님은 땀방울이 핏방울로 비칠 만큼 절절하게 기도하셨다. 제발 이 잔을 거둬달라고.

그렇지만 예수님은 하나님께 마냥 떼를 쓸 수도 없으셨다. 우리를 사랑하셨으니까. 그래서 제발 이 잔을 거둬달라시던 그 기도를 이렇게 마무리하셨다.

"하지만 아버지 뜻대로 되게 해주세요."

이를 지켜보시는 예수님의 아버지, 하나님은 어떠셨을까? 얼마나 가슴이 찢어지고 미어지셨을까. 그렇지만 예수님의 십자가 외에 별다른 방법이 없는 죄인인 우리를 사랑하셨기에 하나님은 계획을 바꾸시지 않으셨다. 그토록 우리를 사랑하셨다.

그렇기에 우리의 우선순위는 오직 예수님이어야 한다. 그분께 받은 사랑은 세상 그 무엇을 주어도 다함이 없는 사랑이기 때문이다.

주님. 죄송합니다.

왜 이리 한없이 죄송하고 죄송하기만 한지요.

제 우선순위가 주님께 향하지 않았던 적이 많음을,

주님은 저를 1번으로 생각해주시는데

저는 세상의 것들을 좇아갔음을

이 시간 자복하고 회개하오니 용서해주옵소서.

'용서'라는 단어가 왜 이리 죄스럽게만 느껴지는지요.

정말 죄송합니다. 주여, 너무도 송구스럽습니다.

제 모습이 예수님이 잡히시던 때에

예수님을 버리고 도망가던 제자들과 어찌나 닮았는지요.

얼마나 속상하셨을지, 얼마나 마음이 무너지셨을지

너무 죄스러워 용서해달라는 말조차 꺼내기 어렵습니다.

주님, 얼마나 아프셨나요?

채찍과 십자가의 못보다도

저희의 외면과 멸시와 모멸이

더 아프시지는 않으셨는지요.

주님의 용서를 간절히 구하며,

세상을 이기신 예수님의 이름으로 기도드렸습니다. 아멘.

CHAPTER 05

내가 바로 로열패밀리야

또 이르되 내가 이렇게 하리라
내 곳간을 헐고 더 크게 짓고
내 모든 곡식과 물건을 거기 쌓아 두리라
또 내가 내 영혼에게 이르되
영혼아 여러 해 쓸 물건을 많이 쌓아 두었으니
평안히 쉬고 먹고 마시고 즐거워하자 하리라 하되
하나님은 이르시되 어리석은 자여
오늘 밤에 네 영혼을 도로 찾으리니
그러면 네 준비한 것이 누구의 것이 되겠느냐 하셨으니
자기를 위하여 재물을 쌓아 두고
하나님께 대하여 부요하지 못한 자가 이와 같으니라

눅 12:18-21

한때 일과 사람 관계를 내 인생의 최우선 가치로 삼았다. 그래서 상사의 괴롭힘과 따돌림에 마음이 지치고 병들어갔다. 비록 헛된 욕심이었지만 일, 돈, 명예 등 내가 추구한 인생의 가치를 그가 계속 가로막았기 때문이었다.

과장과 팀장은 회식 자리에서 "누구는 아버지가 어느 기업 임원인데, 개인 인사 평가와 관련해 이런 이슈가 있었대. 하지만 그 사원은 부자답게 행동하지 않아서 좋아" 이런 식으로 아무렇지 않게 타인을 평가하곤 했다. 함께 있던 사람들이 모두 동의하는 듯했다. 나 빼고. 그 자리는 나만 불편했던 걸까?

과장은 아버지가 대기업 임원인 그 사원과 달리 부유하지도 않고 별 볼 일 없는 나를 대놓고 무시했다. 그는 말끝마다 "로열패밀리", "로열패밀리"를 입에 달고 살았다. 새로 들어온 사람들에게 대놓고 집이 어디인지(당연히 자기 집이 어디인지 소개하는 것도 빼놓지 않았다), 해외에서 산 적이 있는지, 은근하게는 부모님이 무엇을 하시길래 그 동네에서 살고 있으며 해외에서 살다 왔는지를 캐냈다.

이렇게 대놓고 흐르는 정보와 은근히 전해지는 정보는 사람들에 의해 하나의 스토리가 되어 그 사람을 정의했다. 술 한 잔 따라주며 "부모님이 이런이런 일 하신다며?" 하고 묻는 것은 회식의 공식 절차였다. 돈 많은 사람이 좋게 평가받으면 집도 엄청 좋은데 그런 성과도 있었냐고 추켜세워지고, 나쁘게 평가받으면 돈 많아서 일을 그렇게 해도 되니까 좋겠다고 부러움의 대상이 되었다.

부모님이 뭐 하시는지, 우리 집이 어디인지, 해외에서 살다 왔는지 딱히 특이사항이 없는 내게는 관심이 끊어졌고, 나는 그저 대하기 쉬운 사람이 되고는 했다. 그래서 나는 이런 것을 궁금해하는 사람들이 이해되지 않았고 솔직히 싫었다.

정정당당하게 시험 보고 면접 봐서 입사한 곳에서 실력이 아니라 재산으로 서열이 나뉘었고 평범한 나와 부자인 내 동기를 대하는 태도가 달라졌다. 사람들이 열등감이 있어서 그런다고 합리화했지만 어딘가 모르게 분이 났다. 하지만 지금 생각해보면, 그와 사람들의 뒷담화와 괴롭힘에 내가 왜 그렇게 스트레스를 받았는지 이해가 가지 않는다.

내 가치는 '하나님의 자녀'였기 때문이다. 나는 과장이 열등감을 느끼는 로열패밀리 중의 로열패밀리였다. 비록 돈으로는 아닐지언정 나는 분명 만왕의 왕 하나님의 자녀, 로열패밀리였다. 따라서 상사가 내가 로열패밀리가 아니라고 대놓고 면박을 줄 때 자존심 상할 필요가 없었다. 내가 진짜 로열패밀리니까. 그들의 부모는 기껏해야 건물을 사주겠지만, 나의 아버지는 생명을 주시는 분이시니까.

과장이 아무리 노력해도 하나님의 사랑으로부터 나를 떨어뜨릴 수 없었다. 나는 넘어지고 하나님을 멀리할 수 있지만, 하나님은 결코 넘어지지도 나를 포기하지도 않으시니까. 그는 하나님 약속의 일점일획도 바꿀 수 없는 존재였다.

그러므로 그가 나쁜 말과 행동을 해도 나는 그것에 집중하지 않았어야 했다. 그저 하나님께 맡기고 참된 그분의 가치를 좇았어야 했다. 진정한 로열패밀리로서 품위를 지켰어야 했다. 기껏해야 100년 정도 든든한 빽이 되어줄 특별한 부모가 없다고 뭣도 모르고 비아냥대는 그에게 상처받기보다는, 진정한 로열패밀리의 품위를 지켜 사단의 악한 계획에 놀아나지 않았어야 한다.

그것을 몰랐기에 상사의 괴롭힘에 나는 점점 피폐해져 갔다. 스스로 악에 받쳐 먼저 열을 냈다. 그러나 내가 더욱 극악해져서 죽겠다고 난리를 칠 때도 하나님은 날 포기하지 않으셨다. 늘 다함 없는 사랑을 보여주셨다.

어느 날 기도할 때 선명하게 본 이미지가 있다. 이 이미지들로 사단이 나를 넘어뜨리려 한다는 것이 명확해졌고 그럴수록 하나님의 보호하심이 더욱 와 닿았다.

어느 순간, 내가 컴컴한 곳에 혼자 서 있었는데 별안간 또아리를 튼 큰 뱀이 나를 덮치려 했다. 눈 깜짝할 사이였다. 그런데 예수님이 나타나서 그 뱀을 단칼에 베어버리셨다. 이 이미지가 반복적으로 보였다. 내가 어디를 가든 뱀이 나타났는데, 예수님이 곧 나타나 그 뱀을 베어버리셨다.

나는 하나도 다치지 않았다.

또 다른 이미지도 보았다. 나는 아주 애타게 예수님을 불렀다. 오른쪽에서도 불렀고 왼쪽에서도 불렀다. 그럴 때마다 예수님이 나타나 환하게 웃어주셨다.

나는 전혀 외롭지 않았다.

하나님의 훈련으로 아파하고 힘들던 시절에도 그분은 날 사랑하셨다. 이때만 해도 하나님의 뜻을 잘 이해하지 못하고 하나님을 많이 원망했건만 그분이 늘 나와 함께하심을 보여주셨다. 내가 전지전능하신 하나님의 딸임을, 세상에 둘도 없는 로열패밀리임을 계속 알려주셨다.

하나님께서는 내가 영원한 천국 백성으로 남을 수 있도록

어느 날 기도할 때 선명하게 본 이미지가 있다.
내가 어디를 가든 뱀이 나타났는데,
예수님이 곧 나타나 그 뱀을 베어버리셨다.

인도하셨다. 비록 자신이 왜 훈련을 받아야 하는지도 모르고 악다구니를 쓰는 딸을 보며 피눈물을 흘리셨을 테지만, 그럼에도 나를 사랑하셨다.

그렇다. 전지전능한 하나님께서 내 아버지시다. 누구도 나를 위해 울어주지 않을 때 내 아버지는 진심으로 애통해하시고 울어주셨다. 모두가 나는 이제 끝났다고 비웃을 때 내 아버지는 내게 오셨고, 나를 일으키셨고, 나도 기억하지 못할 숱한 그들의 비웃음을 모두 기억하고 갚으셨다.

❀

자신의 가치를 세상에 둔 사람들은 크게 다치기 마련이다. 세상이 원래 무엇인가를 영원히 보장해주는 곳이 아니니까. 주님 안에서 살던 사람들도 세상에 가치를 두는 순간 무너졌다. 성경에도 그런 사례가 많이 나온다.

강한 힘으로 유명한 삼손도 자신의 가치를 주님이 주신 사명 나실인(나면서부터 하나님께 드려진 자)에 두지 않고 세상 사람들의 부러운 눈빛, 여인의 사랑에 두는 순간 인생이 곤두박질쳤다. 여인 들릴라의 간청에 못 이겨 자기 힘의 원천인 머리카락의 비밀을 발설한 후 머리카락이 잘려서 가진 힘을 잃고 블레셋 사람들에게 치욕을 당했다. 그가 하나님이 주신 힘으로 눌러 이기던 블레셋 사람들에 의해 눈이 뽑히고 그들

앞에서 재롱을 부리며 희롱당하는 모욕을 당한 것이다. 결국 삼손은 하나님께 간구하여 그들이 있던 집의 기둥을 무너뜨렸고 그로 인해 많은 블레셋 사람들이 죽었지만, 그 역시 처절한 모습으로 생을 마감한다.

이스라엘의 첫 번째 왕 사울도 마찬가지였다. 하나님의 종이 아니라 세상의 왕으로서 욕심을 채우고, 하나님이 아니라 세상 사람들의 눈치를 보기 시작하면서 무너졌다. 하나님이 아니라 백성들이 떠날 것을 두려워하여 사무엘을 기다리지 못하고 하나님의 규율을 어기며 자신이 제사를 지냈을 때, 아말렉을 진멸하라는 하나님의 명령을 어기고 욕심으로 보물을 취하고는 제사를 지내고자 그랬다, 백성들이 무서워서 그랬다고 하나님을 속였을 때, 하나님의 종이 아닌 왕으로서 삶을 살아가고자 할 때 사울은 모든 것을 잃었다.

예수님은 인생의 가치에 대한 비유도 말씀해주셨다.

무리 중에 한 사람이 이르되
선생님 내 형을 명하여 유산을 나와 나누게 하소서 하니
이르시되 이 사람아 누가 나를 너희의 재판장이나
물건 나누는 자로 세웠느냐 하시고 그들에게 이르시되
삼가 모든 탐심을 물리치라

사람의 생명이 그 소유의 넉넉한 데 있지 아니하니라 하시고

또 비유로 그들에게 말하여 이르시되

한 부자가 그 밭에 소출이 풍성하매 심중에 생각하여 이르되

내가 곡식 쌓아 둘 곳이 없으니 어찌할까 하고

또 이르되 내가 이렇게 하리라

내 곳간을 헐고 더 크게 짓고

내 모든 곡식과 물건을 거기 쌓아 두리라

또 내가 내 영혼에게 이르되

영혼아 여러 해 쓸 물건을 많이 쌓아 두었으니

평안히 쉬고 먹고 마시고 즐거워하자 하리라 하되

하나님은 이르시되

어리석은 자여 오늘 밤에 네 영혼을 도로 찾으리니

그러면 네 준비한 것이 누구의 것이 되겠느냐 하셨으니

자기를 위하여 재물을 쌓아 두고

하나님께 대하여 부요하지 못한 자가 이와 같으니라

눅 12:13-21

인생은 하나님이 주신 선물에 지나지 않는다. 본디 선물은 무엇을 받든 감사해야 한다. 당연하다는 듯이 더 달라, 내 선물은 왜 이러냐고 따질 수 없다.

선물은 크게 세 가지 특징을 갖는다.

첫째, 선물은 주는 사람 마음이다. 하나님의 선물은 더더욱 하나님 마음이다. 하나님께서는 선한 뜻으로 각 사람에게 적합한 선물을 주셨다. 고르고 또 골라 좋은 선물을 주셨다. 선물의 모양과 크기는 다 달라도 모두 만족할 수 있는 선물로 태초부터 세상의 마지막 그날까지 영원을 고민한 선물을 주셨다.

따라서 내가 받은 선물을 다른 사람과 비교하고 내 욕심의 저울로 재보기보다 하나님이 왜 이 선물을 주셨는지 그 음성에 집중할 때 이 선물을 가장 잘 활용할 수 있다. 하나님께서 말씀을 통해 알려주시는 선물 사용법을 잘 숙지하는 것도 중요하다.

선물을 주시는 하나님의 마음은 세상의 돈과 명예, 권력에 있지 않다. 하나님은 그분의 영달을 위해 돈과 명예 등 세상의 것을 허락하는 분이 아니시다. 우리를 사랑하시는 하나님은 우리가 썩어질 유한한 가치를 추구하며 시간 낭비하는 것을 바라지 않으신다. 하나님께서 돈을 선물로 주셨다면 그 돈 역시 그분의 영광에 맞게 사용되어야 한다. 다 주는 사람 마음이기 때문이다.

내가 받고 싶은 것을 못 받았다고 서운해하지 말자. 무엇을 주셨든 결국 하나님나라 확장을 위해 주셨기 때문이다. 하나님께서 사랑하시는 우리를 위해 고르고 또 골라서 내게 가장 잘 맞는 선물을 선택해 주셨을 테니 말이다.

둘째, 선물은 내게 주어졌으나 내가 노력해서 얻은 것이 아니다. 우리 삶도 마찬가지다. 내게 주어졌으나, 내가 노력해서 얻어낸 게 아니다.

우리는 내 삶이 전적으로 내 것인 양 내가 노력해서 얻은 것으로 착각할 때가 많다. 아니다. 내 삶은 내가 노력해서 얻어낸 것이 아니라 하나님께서 주신 선물이다. 그래서 인생은 하나님의 사명을 수행하는 기간이 되어야 하며, 그 과정을 통해 하나님은 참된 기쁨을 주신다.

또한 우리는 내가 가진 재물, 명예 등으로 교만해져서는 안 된다.

셋째, 하나님의 선물은 언제나 옳다. 사람의 선물은 때때로 받는 사람을 실망시키지만 하나님의 선물은 받는 사람을 실망시키는 법이 없다. 그분은 온전하시기 때문이다. 물론 지금 당장은 내 뜻과 하나님의 뜻이 달라 보일 수도 있다. 하지만 결국 하나님의 뜻이 옳을 수밖에 없다. 그분이 우리를 만드셨기 때문이다.

태초부터 우리를 향한 하나님의 계획이 있었고, 우리 모두 그 뜻에 맞게 지어졌다. 하나님의 비전을 이루도록 설계되었

남들이 받은 선물을 부러워할 이유가 없다.
하나님께서는 내게 가장 옳은 선물을 주셨다.

다. 그렇기에 남들이 받은 선물을 부러워할 이유가 없다. 하나님께서는 내게 가장 옳은 선물을 주셨다.

하나님은 그분의 자녀에게 천국의 가치가 담긴 선물을 주셨다. 따라서 하나님의 선물을 빼버리고 그 상자에 헛된 세상 것들을 담는 과오를 범하지 말아야 한다. 내 욕심으로 돈과 명예, 권력을 얻으려 시간을 쏟는 것이 아니라, 하나님이 주신 선물을 파악하고 왜 이런 선물을 주셨을지 고민하며 주님의 사명을 수행하는 것이 우리가 추구해야 할 진정한 삶의 가치이다. 이것이 하나님의 자녀, 즉 로열패밀리로서 품위를 지키는 바른길이기도 하다.

나의 주 하나님,

이 시간 제 인생은 모두 주님의 것임을 고백합니다.

제 인생의 가치를 주님 안에서 찾게 하심을 감사드립니다.

하나님의 자녀라는 가치를 주심을 감사드립니다.

하나님의 자녀를 지키시고 보호하심을 진심으로 믿습니다.

주여, 주님의 사람이라는 제 인생의 가치를

절대 잊지 않고 살게 하시며,

세상의 모범이 되어

많은 사람이 주께로 속히 돌아올 수 있게

길을 비추게 하옵소서.

사랑 많으신 예수님의 이름으로 기도드렸습니다. 아멘.

CHAPTER 06

내가 교만했었구나

너희 중에 큰 자는 너희를 섬기는 자가 되어야 하리라

누구든지 자기를 높이는 자는 낮아지고

누구든지 자기를 낮추는 자는 높아지리라

마 23:11,12

시몬 베드로가 이를 보고 예수의 무릎 아래에 엎드려 이르되

주여 나를 떠나소서 나는 죄인이로소이다 하니

눅 5:8

하나님 안에 살면 얼마나 큰 축복을 받는지, 하나님을 벗어나면 모든 것이 얼마나 부질없는 것인지 왜 몰랐을까? 하나님 안에서 성공 가도(成功街道)를 걸을 때는 하나님께서 얼마나 큰 선물을 내게 주신 것인지 깨닫지 못했는데, 하나님을 벗어나 철저히 아무것도 아닌 사람이 되어보니 하나님께서 나를 진짜 끊임없이 지키셨음을 알게 되었다. 특히, 이 험난한 세상을 정말 하나님의 은혜로 살아왔다는 것과 입사 후 나의 교만함이 얼마나 가소로운 것이었는지를 뼈저리게 깨달았다.

나는 소위 '엄친딸'('엄마 친구 딸'의 줄임말로 모든 면에서 뛰어나 비교의 대상이 되는 대상)이었다. 성실했고 특별한 과외나 학원 교육 없이 학업 성적도 우수했다. 재수나 휴학 없이 대학을 수석으로 졸업했고 취업도 한 번에 되었다. 또한 부모님 말씀도 잘 듣는 착한 딸이었다.

당연한 것이지만 착실하게 주일 성수했고, 금요철야 예배, 새벽 예배 등에도 참여했다. 교회에서 보조 교사, 성가대, 꽃꽂이 등 각종 봉사를 하는 것도 즐거워했다. 성경퀴즈대회에서 강력한 우승 후보가 되기도 했으며, 필사, 성경 암송 등 교회 행사에도 적극적으로 참여했다. 어린 나이였지만 하나님의 일에 순종했다. 나도 모르는 사이에 하나님께서 복을 주셔서 모두가 부러워하는 자랑스러운 딸이 되었고, 가끔은 또래들의 질투 대상이 되기도 했다.

입사 직전까지 하나님과 동행하며 살고 싶어 했다. 실천은 부족했고 그저 동행하고자 했던 아주 작은 바람을 갖고 살았을 뿐인데, 하나님은 나에게 참 많은 복을 허락하셨다. 지금 다시 생각해보면 하나님께서는 이 험한 세상을 헤쳐나갈 뿐 아니라 승리하도록 길을 열어주셨던 것이다.

그러나 입사 직후 더 이상 하나님과 동행하려 하지 않았다. 학업도 입사도 다 스스로 한 것이라 착각하기 시작했다. 지금 생각해보면 떨리기까지 한 아슬아슬한 인생길을 하나님 은혜로 살아온 것인데, 다 내가 잘나서 '이루었다'고 생각했다. 뉴스에서 나온 어마어마한 경쟁률을 생각해볼 때 결코 나 스스로 할 수 있었던 일이 아니었음이 자명한데도, 과거의 나는 정말 엄청난 착각 속에 빠져 살았다.

입사 후 프로젝트 관리를 맡았는데, 프로젝트 조직도를 그리면 내 이름이 맨 위에 있었다. 모두가 결정을 내리기 전에 내게 그렇게 해도 되겠냐고 물었다.

다 내가 잘나서 '이루었다'고 생각했다.

모든 것이 주님의 은혜임을 잊으며 부끄러울 만큼 교만해졌다.

일도 곧잘 해서 칭찬도 많이 받았다. 내 첫 임원과 팀장(나를 괴롭히던 임원과 팀장이 부임하기 전 상사들)은 내가 입사한 후 파트가 안정되었다며 고과를 잘 주었고, 늘 나를 칭찬했다. 또한 아주 유능한 주재원 과장님에게 질문하고 배울 수 있도록 직접 주선해주었다.

이렇다 보니 나도 모르게 교만해졌다. 내 노력을 보상받고 있다고 생각했다. 과장의 괴롭힘은 아랑곳할 바가 아니었다. 동기들의 칭찬도 나를 펌프질했다. 우수한 성적과 빠른 입사 등 하나님이 이루신 객관적인 스펙들이 있었기에, 세상 기준으로 말하면 이는 근거 있는 자신감이었다. 하지만 하나님 기준으로 봤을 때 이는 교만이었다. 내가 모든 과정에 하나님이 계셨음을 부인했기에 어떠한 변명도 통하지 않을 악행이었다. 나는 모든 것이 주님의 은혜임을 잊으며 부끄러울 만큼 교만해졌다.

결국 주님이 이 점을 지적하셨다. 모든 것이 나의 능력이라고 우기는 모습을 묵과하지 않으셨다. 회초리를 드셨다. 과장이 나를 괴롭히게 허락하셨다. 그의 괴롭힘으로도 내가 깨닫지 못하니 내가 우상으로 삼은 일을 빼앗으셨다. 이렇게 다 잃어버리기 전에 분명 힌트를 주셨을 텐데 나는 주님의 뜻을 거들떠보지도 않았다.

사실 예수님은 늘 교만을 경계하셨다. 이는 성경 곳곳에서 찾아볼 수 있다. 성경을 많이 읽고 필사하면서도 그분의 말씀을 가슴으로 깨닫지는 못했다(마 23:1-12).

그렇다면 교만이 무엇일까? 보통 교만은 겸손과의 비교를 통해 설명된다. 겸손은 '내가 죄인임을 인정하는 것'이다. 겸손한 사람은 모든 것이 자신이 잘나서가 된 것이 아니라 하나님의 은혜였음을 인정한다. 즉, 하나님 없이는 도저히 살 수 없음을 간절히 고백한다.

하지만 교만은 정확히 그 반대다. 교만한 사람은 자신이 죄인이 아니라고 우긴다. 하나님의 은혜를 잊고 자신이 잘나서 모든 것을 얻었다고 착각 속에 살아간다. 자신의 인생에 효용가치가 없다며 하나님을 떠난다. 하나님 없이도 살 수 있다며 하나님을 인생에서 밀쳐낸다.

성경에는 예수님의 수제자이자 예수님께 특별한 사랑을 받았던 사람이 나온다. 바로 베드로다. 예수님은 그를 참 사랑하셨는데, 이는 그가 정말 순수하고 겸손했기 때문이었을 것이다(눅 5:1-11).

예수님이 게네사렛 호숫가에서 설교하실 때였다. 베드로를 포함한 어부들이 아무 소득 없이 그물을 씻고 있었다. 예수님은 설교를 마치신 후에 베드로에게 깊은 곳으로 가서 그물을 던지라고 하셨다.

어부들의 눈에 젊은 예수님은 당연히 낚시에 전문 지식이 없는 사람으로 보였다. 더욱이 잡힌 고기가 없어 허탈한 그들은 예수님이 허황한 이야기만 하는 귀찮은 사람으로 비쳤을 것이다.

하지만 베드로는 달랐다. 그는 낚시에 있어서만큼은 베테랑이었지만 예수님의 말씀에 순종했다. 하나님 말씀을 전하시는 그분께 순종했다. 그러자 그는 그물이 간신히 찢어지지 않을 만큼 많은 물고기를 잡았다.

이런 기적을 경험한 베드로는 자신이 죄인임을 자복하고 모든 것이 예수님의 은혜였음을 고백했다. 이후 그는 모든 것을 버리고 예수님을 따른다. 자신이 주도하는 삶을 버리고 예수님이 주도하시는 제자로서의 삶을 산다. 자신은 죄인이며 주님 없이 구원받을 수 없는 미천한 사람임을 고백한다. 즉, 자신이 옳다고 믿는 교만한 삶에서 벗어나 주님이 삶의 주인 되시는 겸손한 삶을 살았다.

제자가 된 베드로는 이후 아주 놀라운 신앙 고백을 했다.

예수께서 빌립보 가이사랴 지방에 이르러
제자들에게 물어 이르시되

사람들이 인자를 누구라 하느냐 이르되
더러는 세례 요한, 더러는 엘리야, 어떤 이는
예레미야나 선지자 중의 하나라 하나이다
이르시되 너희는 나를 누구라 하느냐
시몬 베드로가 대답하여 이르되
주는 그리스도시요 살아계신 하나님의 아들이시니이다

마 16:13-16

이 신앙 고백이 나를 각성시켰다. 베드로에게 예수님은 자신의 목숨을 살리신 그리스도시고, 전지전능한 신이었다. 즉, 그의 고백에는 자신은 예수님 없이 절대 살 수 없다는 겸손함이 담겨있다. 예수님이 이런 베드로를 예뻐하신 건 당연했다.

정리하면 이것이다.

내 삶 - 예수님 = 0 → 겸손한 삶

내 삶 - 예수님 = 내 삶 → 교만한 삶

즉, 내 삶에서 예수님을 빼면 아무것도 남지 않을 만큼 주님의 은혜로 사는 것이 겸손한 삶이며, 예수님을 빼고도 내 삶이 유지된다고 믿는 것이 교만한 삶이다.

입사 후 나는 참 교만하게 살았다. 내가 누리는 모든 것이 전부 내 노력과 실력으로 된 것이라 믿었다. 그래서 내 삶에서 예수님을 빼버리기 시작했다. 예배 생활도 기도도 제대로 하지 않았다. 예수님을 내 삶에서 밀어내고 회사, 일, 세상에서의 인정이라는 우상을 내 마음에 담았다.

그런데도 예수님은 참 오래 참아주셨다. 참고 또 참으시다가 내가 정말 망가질까 봐 내 삶을 잠시 멈추셨다. 나를 포기하지 않으시고, 나를 살리시기 위해. 하나님의 훈련 없이 내 교만을 깨닫지 못하고 죽었더라면 어땠을지 지금도 아찔하다. 예수님의 멈춤에는 나를 향한 하나님의 메시지가 담겨 있었다.

"나를 기억하고 끝까지 겸손하라!"

하나님 아버지,

하나님 없이도 살 수 있다고,

지금 제가 가진 모든 것이

다 하나님 은혜 없이 제가 이룬 거라고

착각하며 교만했던 것을 용서해주세요.

다시는 이런 말도 안 되는 착각을 하지 않게 하시고
늘 겸손한 삶으로 인도하여 주시옵소서.
늘 겸손한 신앙 고백과 찬양으로
주님께 영광 돌리며 살게 해주시옵소서.
베드로처럼 겸손하고 옳은 신앙 고백으로
천국 가는 그날까지 승리하게 하옵소서.
주님을 간절히 바라고 믿사오며,
예수님의 이름으로 기도드립니다. 아멘.

CHAPTER 07

내가 한 게 아니었어

믿음으로 아벨은 가인보다 더 나은 제사를
하나님께 드림으로 의로운 자라 하시는 증거를 얻었으니
하나님이 그 예물에 대하여 증언하심이라
그가 죽었으니 그 믿음으로써 지금도 말하느니라

히 11:4

당시는 억울했다. 정말 많이 억울했다. 아무리 말로 설명하려고 해도 지금도 마땅한 표현이 떠오르지 않을 정도다. 정말 열심히 살아왔다. 공부하느라 거북목, 일자목은 기본이었고, 연필 잡는 손가락은 활 모양으로 휘었다. 말 그대로 뼈가 휘어져라, 몸이 부서져라 열심히 살았다.

간절하고 처절하게 공부했고, 내 인생에서 또다시 그만한 노력을 할 수 있을까 싶을 만큼 치열하게 삶을 버텨냈다. 단 한 순간도 그 시절로 돌아가고 싶지 않을 만큼, 아니 그 시절로 돌아가 똑같은 노력을 감히 할 수 없을 정도로 치열하게 견뎠다.

예배도 마찬가지였다. 입사 후 연수와 같은 아주 특수한 상황이 아니고는 결석해본 적이 없다. 살면서 주일 성수를 못 한 적은 다섯 손가락 안에 든다. 새벽 예배, 금요 철야 예배도 다 다녔다.

그런데 다 빼앗겼고 상처만 늘었다. 사람들의 멸시와 천대를 참아야 했고, 모욕감과 비굴함을 느껴야 했다. 나는 하나님께 따졌다.

"제가 뭘 잘못했습니까? 이렇게까지 열심히 살았는데 그까짓 것 하나 못하게 하십니까? 제가 왜 이런 모독을 당해야 합니까?"

울고불고 따지고 대들었다. 심지어는 하나님이 선한 나를 버리고 악한 과장을 선택하신 것이라고 그분을 모독했다. 그 상사가 병들어 고통스럽게 죽지 않는다면 하나님의 정의는 살아 있지 않은 거라고 악다구니를 썼다.

"하나님의 자녀가 승리해야지, 하나님을 믿지 않고 자기 멋대로 살아가는 그가 감히 날 멸시할 수 있습니까? 어떻게 내게 이러실 수 있나요?"

내 말의 일부는 맞았고 일부는 틀렸다. 하나님의 자녀가 반드시 승리한다. 이 전제는 당연히 맞다. 그래서 더욱 내가 처했던 상황이 너무나 억울했다.

그런데 지나고 보니 이 승리는 비단 인생에서의 승리만 의미하지 않았다. 나는 천국의 시민권자고 상사는 그대로 살면 지옥행이었다. 이 사실 하나로 나는 이미 승리한 것이었다. 그가 지옥에 갈 것이라서가 아니라 내가 천국에 갈 것이기 때문에. 나사로를 천대했던 부자와 나사로의 이야기처럼 천국에 최후 승리가 있다(눅 16:19-31). 혹은 에스더서에 나오는 하만과 모르드개처럼 살아 있을 때 인생이 역전될 수도 있다(에 3:1-6, 5:14, 7:5-10).

나사로는 비록 세상에서 승리를 얻지 못한 것처럼 보였으나 하나님의 자녀였기에 천국에 가는 최후 승리를 얻었다. 모르드개는 하만이 자신을 매달기 위해 세운 오십 규빗 높이의 나무에 오히려 하만을 매닮으로써 하나님의 자녀가 세상에서도 승리함을 보여주었다.

그렇다면 내가 틀린 부분은 무엇이었을까? 바로 '내가 이 정도 했는데'라고 생각한 부분이다. 여기에는 여러 오류가 있었다. 세 가지로 압축하면 다음과 같다.

첫째, 내가 이룬 모든 것은 사실 내가 한 것이 아니다. 내 성적, 입사 등은 모두 내가 한 것처럼 보이지만 사실 내가 한 것이 아니었다. 하나님께서 지혜를 주지 않으셨다면 절대 가능하지 않았을 것들이다. 그럼에도 나는 내가 열심히 노력해서 좋은 결실을 맺었다고 착각했다. 그래서 '내가 이 정도 했는데'의 '내가'는 애초에 성립될 수 없다.

둘째, 내 인생의 기준은 하나님이 설정하신다. 내가 결정할 수 없다. 내가 어느 정도 노력해야 상급을 받을지도 하나님께서 정하신다. 내가 A까지 하면 B라는 상급을 받는다고 추측하는 것은 의미 없다. 인간은 하나님의 기준을 절대 완벽히 깨달을 수 없기 때문이다. 따라서 '내가 이 정도 했는데'의 '이 정도' 역시 내가 자신할 부분이 아니었다.

셋째, 하나님은 그런 분이 아니시다. 노력으로 가는 천국이 아니었다. 사람의 행위는 구원을 결정할 수 없다. 우리는 오직 주님의 은혜로 산다. 내 노력 따위가 아니라 주님의 일방적 은혜로 구원받았다. 따라서 '내가 이 정도 했는데'에서 '했는데'는 틀렸다. 사실 나는 아무것도 하지 않았다.

'내가 이 정도 했는데'의 모든 전제가 깨졌다. 하나님의 은혜로 살아가는 내가 내 노력으로 모든 것을 이루었다고 착각했다. 그러나 하나님은 인간이 한 행위를 보상해주시는 분이 아니시며, 천국 또한 인간의 노력으로 가는 곳이 아니다. 이때 내 머릿속에는 가인과 아벨의 이야기가 스치고 지나갔다(창 4:1-15).

✿

가인은 농사를 지었고 아벨은 양을 쳤다. 이 둘은 각자의 결과물로 똑같이 하나님께 제사를 지냈다. 그런데 하나님께서 아벨의 제사만 받으시고 가인의 제사는 받지 않으셨다. 왜 그러셨을까? 하나님은 채식보다는 육식을 좋아하셔서? 가인이 노력을 안 해서? 아닐 것이다. 가인도 분명 소출을 내기 위해 일정 정도의 노력을 했을 것이다.

성경에는 하나님께서 가인의 제사를 받지 않으시자 가인이 분하여 그 얼굴색이 바뀌었다고 기록되어 있다. 심지어 가인은 동생 아벨을 죽이는 살인을 저질렀다.

이를 미루어 살펴볼 때, 하나님께서는 노력을 보신 것이 아니라 그 중심을 보신 것이다. 가인과 아벨 두 사람 모두 노력했다. 두 노력의 차이는 '중심'이었다. 히브리서 11장 4절에서 그 중심이 무엇인지 찾아볼 수 있다. 그 중심은 바로 믿음이다.

가인은 자신의 노력을 하나님께서 받지 않으셨다고 얼굴

색까지 변해가며 분을 냈다. 자신의 노력이 가치 있다고 생각했기 때문이다. 사실 아무것도 하지 않았으면서, 자신이 무엇이라도 했다고 여겼다. 그런데 하나님께서 그에게 보상하지 않으시니 분노했다. 맞다. 가인은 교만했다. 그는 정말 교만하고 오만했다.

그의 중심에는 믿음이 없었다. 믿음으로 제사를 드리기보다 자신의 행위로 제사 드리려 했다. 그의 제사에는 교만함이 한껏 묻어있었다. 그래서 믿음으로 제사 드린 아벨은 의롭다 여기심을 받았고, 가인은 선을 행하지 않는 자로 평가받았다.

나는 어땠을까? 하나님의 기준은 '믿음'과 '의로움'인데 내 기준은 '내 행위'였다. 나도 가인처럼 교만했다. 하나님께서 내 기도를 들어주지 않으신다고 분하여 얼굴색이 변했다. 내가 한 노력이 충분하다며 교만했다.

그러나 하나님께서는 또 인내해주셨다. 나를 버리지 않으시고 친히 회초리를 드셨다. 그분의 뜻을 하나하나 가르치셨다. 사람은 오직 주님의 은혜로만 살 수 있다. 사람의 행위는 감히 이 은혜에 어떤 영향도 미칠 수 없다. 우리는 하나님의 은혜에 단 한 점도 보탤 수 없다. 행위는 나를 구원하지 못한다. 오직 주님의 은혜와 그것을 믿는 믿음만이 구원의 길이다.

주 하나님, 감사드립니다.

부족한 저를 버리지 않으시고, 단련시키시고

주님의 품으로 돌아오게 해주셔서 감사합니다.

전지전능한 하나님께서 미천한 제 삶에

직접 개입해 주심을 감사드립니다.

지금껏 제 노력으로 무엇인가 할 수 있다고

착각하고 교만했던 것 용서해주옵소서.

앞으로는 오직 주의 은혜로 인생을 살아가고 있음을,

주의 은혜 없이는 절대 한순간도 살 수 없음을

늘 기억하며 살게 하시옵소서.

늘 복된 삶으로 끌어 주시옵소서.

감사드리며, 예수님의 이름으로 기도드렸습니다. 아멘.

CHAPTER 08

하나님의 음성을 들어봐

하나님이 이르시되 우리의 형상을 따라
우리의 모양대로 우리가 사람을 만들고
그들로 바다의 물고기와 하늘의 새와 가축과
온 땅과 땅에 기는 모든 것을 다스리게 하자 하시고
하나님이 지으신 그 모든 것을 보시니
보시기에 심히 좋았더라
저녁이 되고 아침이 되니 이는 여섯째 날이니라

창 1:26,31

나를 괴롭히는 사람들의 편견과 차별로 상처받던 시절, 하나님께 이런 질문을 했다.

'제가 고아인가요?'

나는 어려서부터 하나님을 정말 잘 따랐다. 아무런 의심도 하지 않았다. 그분의 말씀이라면 모든 것이 옳다고 여겼다. 하나님이 시키신 일은 무조건 했다. 말씀을 이해하는 것도 남달랐고, 예수님을 생각하면 눈물부터 나는 순수한 사람으로 자랐다.

전도사인 엄마 덕분에 어릴 적부터 하나님의 연단을 체험했다. 또한 잡은 손을 절대 놓지 않으시는 하나님의 기적과 은혜도 경험하며 자랐다. 하나님은 우리를 정말 궁핍해서 그분만 의지하게 하시면서도, 때마다 먹이고 입히셨다. 필요한 것을 적재적소에서 공급받도록 하신 주님을 똑똑히 보면서 자랐다. 그 놀라운 타이밍과 섭리가 두렵기도 했다.

엄마가 아시는 주변 전도사님과 목사님들의 생생한 증언을 접하며 살았고, 주의 종들의 대화를 들으면서 자랐다. 가진 것은 하나도 없었지만, 내가 하나님의 딸임을 정확히 알기에 교만하리만큼 천국 시민권에 대한 자부심이 있었다.

비록 세상이 정한 금수저는 아니었지만, 천국에 내 집이 있다는 사실을 알고 있었다. 당연히 천국에 갈 수 있다는 확신이 있었다. 세상에서 제일 강하고 위대하신 분이 내 아버지이심을 자랑스럽게 여겼다. 천국 갈 소망으로 살다 보니 가진 것 하나 없으면서도 목회자를 섬기고 교회 성도들과 많은 것을 나누었다. 학생 때는 과외 아르바이트를 해서 번 돈으로, 직장인이 되고서는 월급으로.

그런데 하나님께서 그런 나를 그냥 두시니 버림받은 기분이었다. 아니, 애초에 한 번도 아버지가 없었던 고아가 된 듯했다.

'하나님이 왜 그러실까? 정말 내가 버림받았나? 애초에 내 짝사랑일 뿐이었나?'

늘 내 마음에 '왜'가 있었다.

'분명 하나님은 모든 것을 다 하실 수 있으신데 왜 그 과정을 막지 않으셨을까? 왜 내 비통한 울부짖음을 들어주지 않으실까? 왜 나를 버리셨을까?'

세상에 홀로 버려진 느낌이었고 지금껏 철석같이 믿어 의심치 않은 내 소망들이 한순간 무너지는 기분이었다.

'분명 예수님을 믿으면 다 하나님의 자녀가 되어 구원받는

'어떻게 제게 이렇게까지 하시나요?

하나님의 정의는 믿고 따르던 딸을 버리는 것인가요!'

다고 하셨는데, 분명 믿음 하나면 된다고 하셨는데 정말 다 바쳐 믿어왔는데 왜 나는 버려졌을까?'

몇 시간을 울었다. 그런데도 하나님께서는 아무 반응이 없으셨다. 나는 '사랑하는 내 딸아, 나는 너를 버리지 않았다. 다 뜻이 있으니 조금만 기다려주겠니?' 혹은 '이런 이유 때문에 그가 너를 괴롭히도록 내가 허락했고, 저런 것들이 이루어지면 다 끝날 거야. 조금만 기다려주겠니?' 하고 말씀해 주시길 바랐다. 하지만 하나님께서는 아무런 말씀도, 위로도 해주지 않으셨다.

그렇게 며칠이 지났다. 엎친 데 덮친 격으로 엄마가 갑상선 수술을 하셨다. 나는 연차를 내고 병간호를 시작했다. 어차피 일도 없으니 내가 자리를 비워도 아무 지장이 없었고, 아무도 나를 찾지 않았다. 나는 정말 하나님께 서운했다. 이때부터는 슬픔보다 악다구니가 올라왔다.

'정말 어떻게 제게 이렇게까지 하시나요? 하나님의 정의는 믿고 따르던 딸을 버리는 것인가요!'

그러던 중 한 목사님이 병문안을 오셨다. 그러고는 내가 아직 어려서 하나님의 음성을 잘 못 듣는 것 같다고, 하나님께서 꼭 이 말을 전해달라고 하셨으니 들어보라고 하셨다.

부자였던 그 목사님은 주의 종이 되기 위해 연단을 받으셨다. 왜 가진 것을 다 빼앗아 가시냐고 감히 하나님께 물을 수는 없었지만, 목사님은 주의 종이 되기 위해 아주 철저히 재정적인 연단을 받으셨다. 승승장구하던 삶은 한순간에 고꾸라졌고, 그 후 집이 없어 난방도 안 되는 창고 같은 곳에서 한겨울을 나게 되었다.

그 상황이 너무 힘들고 지쳐 차를 몰고 막다른 길이 나올 때까지 달렸다고 한다. 그 후 차를 멈추고 하나님께 이렇게 살게 하실 바에야 차라리 자신을 죽이시라고 울며 소리쳤다고 그때의 절박함을 전달했다.

그때 예수님의 발등이 보였는데, 그 발등 위로 예수님의 피눈물이 똑똑 떨어졌다고 했다. 그러시면서 "너는 고아가 아니야"라고 말씀하셨다고 한다.

목사님의 이 이야기를 듣는데 눈물이 핑 돌았다. 설움이 쏟아져 나왔다. 하나님께서 내게 이 말씀을 꼭 전하고 싶으신 듯했다. 하나님을 과할 정도로 따르던 내가 훈련에 들어서자 믿음의 근본이 흔들리고 있으니 하나님도 놀라신 듯했다. 그래서 다급하게 말씀하신 것 같았다.

"의연아, 제발…. 너는 절대 고아가 아니야."

✿

이런 하나님의 마음은 창세기에 잘 기록되어 있다. 하나님은 그분의 형상대로 우리를 만드셨고, 에덴동산에 살게 하셨

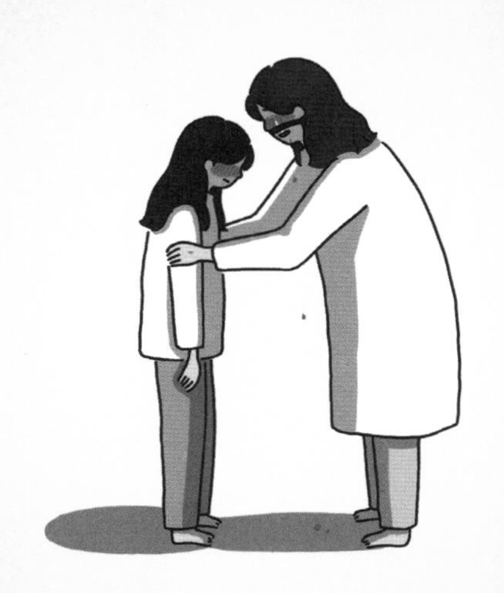

다. 그리고 세상을 지배할 권한도 주셨다(창 1:26-31, 2:7,8). 우리를 정말 아끼신 것이다.

창세기를 자세히 살펴보면, 하나님께서 천지 만물을 만드셨을 때 이렇게 묘사되어 있다.

"보시기에 좋았더라!"

사람까지 다 지으신 후에는 이렇게 말씀하셨다.

"보시기에 심히 좋았더라!"

나는 하나님의 형상대로 지어진 예쁜 딸이었다. 모든 만물을 나를 위해 만드셨고, 그것을 다스리라고 하셨다. 나를 만드시고는 보시기에 심히, 그러니까 아주 많이 기쁘셨다.

그렇다. 나는 절대 고아가 될 수 없다. 지금 이 글을 읽고 있는 당신도 고아가 된 것 같은 기분을 느낄 때가 있었을 것이다. 그렇지만 하나님께서는 늘 당신에게 속삭이신다.

'너는 내 것이라. 오늘날 내가 너를 낳았도다.'

GOD'S MESSAGE

에게.

사랑하는 내 아이야, 너는 고아가 아니야. 나는 너를 너무도 사랑한단다. 너를 만들고 얼마나 기뻤는지 몰라. 네게 얼마나 많은 것들을 주고 싶었는지 모른다. 내가 너와 함께 울고 있음을, 네 눈의 눈물을 닦으며 피눈물을 흘리고 있음을 꼭 기억해다오.

사랑하는 내 딸아, 내 아들아. 사랑하고 또 사랑한다. 세상이 다 담을 수 없을 정도로 사랑한단다. 나는 한순간도 너를 포기한 적이 없어. 내 독생자 예수를 무지몽매한 자들의 손에 넘겨주었을 만큼 사랑한단다. 그 모진 십자가를 주었을 만큼 사랑한단다. 단 한 순간도 너를 보지 않은 적이 없어. 네 투정에 기뻤고, 네 아픔에 눈물을 흘리고 있단다.

내 아들아, 내 딸아, 내가 다 안다. 인간인 네게 내 계획이 벅차고 아프다는 것을. 하지만 이것 하나만 기억해다오. 나는 네 아버지야. 내가 너를 그 무엇보다 사랑한단다. 나는 그저 너밖에는 없구나.

아버지 나의 하나님. 감사합니다.

늘 함께해주시고 지켜주시고 사랑해주셔서 감사합니다.

무엇보다 저와 함께 울어주셔서 감사합니다.

그러나 하나님, 저는 하나님을 모욕하고 악다구니를 썼습니다.

그 모진 말들로 하나님 가슴에 피멍 들게 했습니다.

주여 용서하여 주시옵소서. 죄송합니다.

제가 잘못했습니다.

그럼에도 저를 포기하지 않아 주셔서 감사드립니다.

끝까지 제 손 놓지 마시고

주님 보시기에 아름답고 합당한 삶을 살아가게 하소서.

아버지와 늘 동행하게 하소서.

아버지의 예쁜 딸이 되게 하소서.

감사드리며 예수님의 이름으로 기도드렸습니다. 아멘.

주 안에서
승리하기

CHAPTER 09

가장 큰 승리와 복수는 이거야

내 사랑하는 자들아

너희가 친히 원수를 갚지 말고 하나님의 진노하심에 맡기라

기록되었으되 원수 갚는 것이 내게 있으니

내가 갚으리라고 주께서 말씀하시니라

네 원수가 주리거든 먹이고 목마르거든 마시게 하라

그리함으로 네가 숯불을 그 머리에 쌓아 놓으라

악에게 지지 말고 선으로 악을 이기라

롬 12:19-21

누군가는 내 훈련이 물질, 건강 등의 다른 연단에 비하면 아무것도 아니라고 생각할 수 있다. 하지만 내게 일과 인간관계는 내가 모든 것을 걸고 얻은 결과이자 나 자신이었다. 내게 그것들은 단순한 보상이 아니었다. 지금은 아니지만, 그때는 그랬다.

과장은 날마다 내 자존감을 한없이 무너뜨렸다. 내 몸과 마음을 피폐하게 만든 그가 미웠다. 매일 그에게 통쾌하게 복수하는 상상을 했다. 심지어 그가 온갖 고통을 온전히 느끼며 서서히 죽어가다 종국에는 지옥에 떨어지기를 바랐다.

매일 그를 향해 저주를 퍼부었다. 그의 괴롭힘으로 힘들어하는 내 모습을 지켜보며 내 가족이 고통당했듯, 그의 가족들도 정말 힘들어하기를 바랐다. 심지어 그렇게 해주시지 않으면 하나님은 안 계신 거라고까지 했다. 그만큼 고통에 허덕이며 몸부림치고 있었다.

퇴근 후 엄마 차를 타고 집에 가면서 하루도 빠지지 않고 대성통곡을 했다. 목이 다 쉬고 따가울 때까지 하나님께 고래고래 소리를 질렀다. 무엇보다 내가 나를 마구 때리기 시작했다. 주먹으로 내 허벅다리를 내려치고 꼬집었다. 매일 멍이 들었다. 나를 괴롭힌 이들에게 그렇게 해주고 싶은데 못하니 나를 때렸다.

사실은 하나님께서 그에게 직접 나타나셔서 이렇게 말씀해주시길 바랐다.

"네가 왜 나의 사랑하는 딸을 저리도 아프게 했느냐? 내가 네 행실을 다 보았고 내 딸의 원통한 울음소리를 들었다. 내가 함께 아파했다. 진심으로 내 딸에게 용서를 구해라. 내 딸의 용서 없이 네게 천국 문도 없다."

사실 그것이 가장 통쾌한 복수일 것만 같았다. 그런데 모두가 알고 있듯, 하나님은 그런 분이 아니시기에 내 상상은 현실이 되지 못했다.

하나님께서는 나의 바람과 의지와는 상관없이 그를 아무런 대가 없이 용서하실 수 있다. 나중에 그를 천국에서 만난다 해도, 내가 하나님께 무얼 따질 수 있을까? 없다. 솔직히 '내 딸의 용서 없이 네게 천국 문은 없다'라는 표현에도 내 교만이 한가득 차 있다.

당시 내 안에서는 나의 바람과 하나님의 섭리에 대한 내적 갈등이 크게 일어났다. 그래서 하나님의 훈련 기간이 정말 죽을 만큼 힘들고 길게만 느껴졌다. 그 긴 터널을 지나며 수백

번 곱씹은 말이 있다.

'너무 죽고 싶어서 너무 살고 싶어요!'

'죽고 싶다'와 '살고 싶다' 이 두 문장은 서로 상반된다. 차라리 죽고 싶을 만큼 힘이 드니 제발 살려달라는 간절한 외침. 하지만 당시 내 심정이 딱 그랬다.

스스로 죽어버리면 다시는 뵙지 못할 하나님 아버지께 제발 나 좀 만나달라는, 나를 떠나지 말아달라는, 내가 스스로 나를 놓지 않게 해달라는 애끓는 소망의 표현이었다. 죽음을 선택하면 내가 갈 곳은 지옥임을 알면서도 약해질 대로 약해진 나는 스스로를 놓아버리고만 싶었다.

하지만 이것은 사실 너무나 무서워서 제발 이 생각에서 벗어나도록, 비록 상황이 변하지 않더라도 하나님만은 내 편이심을 제발 기억하게 해달라는 내 처절한 절규였다.

'하나님. 저 정말 죽고 싶은가 봐요. 그러면 하나님을 못 만나는데 어쩌죠? 그런데 왜 저를 안 봐주시는 거예요? 제발 저를 한 번만 불러주세요. 너무 힘들어서 하나님을 자꾸 더 잊어버리려고 해요. 이런 나쁜 생각을 하는 스스로가 너무 괴로워요. 자꾸 죽고만 싶어서 정말 살고 싶어요. 제 영혼이 죽지 않았으면 좋겠어요. 저를 이렇게 만든 그들이 너무 미

워요. 하나님이 그들을 혼내지 않으시고 아무리 제가 불러도 답하지 않으시니 너무 속상해요.'

하나님께 제발 나를 살려달라고 눈물로 매달릴 때, 하나님께서 주신 말씀이 있다. 로마서 12장 말씀이었다. 하나님의 뜻을 못 깨달아 고통에 몸부림치는 내게 주신 힌트 같은 말씀이었다. 안타까움에 들려주시는 하나님의 음성이었다. 그중에서도 14절부터 21절까지의 내용이 가장 와닿았다. 성경의 아주 적은 지면을 차지하는 이 말씀을 나는 반복해서 읽고 또 읽었다.

너희를 박해하는 자를 축복하라 축복하고 저주하지 말라
즐거워하는 자들과 함께 즐거워하고 우는 자들과 함께 울라
서로 마음을 같이하며 높은 데 마음을 두지 말고
도리어 낮은 데 처하며 스스로 지혜 있는 체하지 말라
아무에게도 악을 악으로 갚지 말고
모든 사람 앞에서 선한 일을 도모하라
할 수 있거든 너희로서는 모든 사람과 더불어 화목하라
내 사랑하는 자들아 너희가 친히 원수를 갚지 말고
하나님의 진노하심에 맡기라 기록되었으되

원수 갚는 것이 내게 있으니 내가 갚으리라고
주께서 말씀하시니라
네 원수가 주리거든 먹이고 목마르거든 마시게 하라
그리함으로 네가 숯불을 그 머리에 쌓아 놓으라
악에게 지지 말고 선으로 악을 이기라

롬 12:14-21

이 말씀이 큰 위로가 되었다. "악에게 지지 말고 선으로 악을 이기라"라는 구절을 읽을 때마다 뜨거운 물을 벌컥벌컥 마신 듯 심장으로 그 뜨거움이 흘러내렸다. 무엇보다 이 말씀은 내게 참 잘 살아왔다고, 내가 배워온 게 맞다고 분명히 말해주었다.

나는 참 착하게만 살아왔다. 아주 어릴 때부터 착하게 사는 것 외에는 배우지 못했다. 어떤 교육보다 신앙 교육을 중시했던 우리 집에서는 과할 정도로 착하게 사는 법만 배웠다. 누군가에게 복수한다거나 차갑게 대하는 것은 배우지 못한 일, 할 수 없는 일이었다.

거절을 몰랐고 아무리 싫은 상황도 웃어넘기기 일쑤였다. 비록 뒤돌아서 후회하고 슬퍼할지라도. 그런데 로마서 12장 말씀은 그런 내 삶이 틀리지 않았음을 말해주었다.

사실 사람들을 차갑게 대하자고 마음을 다잡기도 했다.

그런데 이 결심은 매일 무너졌다. 그때마다 후회했다. 누가 도움을 요청한 것도 아닌데 나도 모르게 내가 가진 정보를 공유하고, 맛있는 것이 있으면 습관적으로 사서 나눠주었다(물론 과장은 내가 산 건 입에도 대지 않았다). 다른 이의 잘못을 알아도 덮어주며 괜찮다고 말했다.

의도적으로 착하게 살지 않으려 해도 나도 모르게 사람들을 돕고 있었다. 사람들의 질문에 대답해주고 잘못된 점을 발견하면 상사 몰래 수정하라고 귀띔해주기도 했다. 그러다 보니, 사람들은 오히려 내가 선의를 베푸는 것을 당연하게 여겼고 조금이라도 그들에게 도움을 주지 않으면 금세 나를 나무랐다. 마치 내게 '착한 일'을 맡겨놓은 사람처럼.

내가 조금만 단답형으로 답하면 "싸가지가 없다"라고 했고, 내 소신을 이야기하면 "일을 미루려 한다, 일을 안 하려 한다, 일을 나누려 한다"라고 했다. 그들의 업무를 도와주지 않으면 몹쓸 사람 취급을 했다.

자신들의 선행은 상대가 엄청 고마워해야 한다고 생각하면서도 내 선의는 철저히 배척했다. 그들은 나를 당연히 착한 일만 해야 하는 사람으로 여겼다. 그래서 나는 매일 잘못 살아왔다고 자책했다.

그런데 하나님께서 로마서 12장을 통해 내가 맞다고 말씀하셨다. 사람은 바보처럼 선하게 살아야 한다고 말이다. 나중에 후회할지언정 굶주리고 목마른 원수를 먹이는 게 옳다고 하셨다. 비록 내가 세상에서 천대받고 있지만, 내게 잘하고 있다고 말씀하셨다.

하나님은 내게 하나님 보시기에 아름답고 합당하게만 살라고 하셨다. 그런 예쁜 마음만 갖고 살라고 말이다. 미움, 시기, 질투 같은 악한 마음을 무겁게 지고 가지 말라고 하셨다.

현대사회는 ‘차도녀’, ‘차도남’처럼 조금은 냉철하고 까칠하지만 자기 밥그릇을 잘 챙기는 사람들을 멋지게 표현한다. 오히려 선하고 부드러우면 자기 밥그릇도 못 챙기는 어리석은 사람으로 취급한다. ‘걸크러쉬’ 같은 단어가 생긴 것도 마찬가지다. 예를 들어, 갑질하는 상사를 논리적이고 시원하게 한 방 먹이는 모습을 멋있게 비춰준다.

하지만 하나님의 기준은 그와 정반대다. 늘 ‘그럼에도 불구하고’를 앞에 붙이게 된다.

그럼에도 불구하고 사랑하라.
그럼에도 불구하고 이해하라.
그럼에도 불구하고 용서하라.

과장의 끝없는 괴롭힘에도 하나님의 메시지는 한결같았다.

‘그럼에도 불구하고 그를 사랑하라.’

비록 그의 온갖 악행에 지치고 힘들지언정 내 예쁜 마음을 지키라고 말씀하셨다. 이것을 내가 늦게 깨달아서 그를 온전히 사랑으로 품는 데까지 많은 어려움과 고통이 있었지만, 하나님의 메시지는 늘 같았다.

사실 이렇게 말하는 나도 선으로 악을 이기라는 말씀을 이해하는 데 많은 시간이 걸렸다. 사실 내가 사람들을 두려워한 것은 아닐까, 내가 그들이 무서워서 이렇게 하는 것이 아닌가 하는 생각마저 들었다. 아니, 어쩌면 처음에는 이 말씀으로 어쩌면 비굴하게까지 보이는 나의 태도를 정당화하려 했을지도 모른다.

이 말씀은 분명 나의 유약함을 그저 정당화하고 위로할 말씀으로 머물러서는 안 됐다. 나의 약함으로 선을 행하는 것이 아니라 하나님의 강함으로 선을 이루어 가는 삶을 살아야 했다.

그래서 이 말씀으로 위로를 받으면서도 이 말씀이 시원하게 다가오지는 않았다. 아무리 사랑하고 또 사랑하려 해도 내 마음에 응어리가 남아있으니까. 그래서 곱씹어 생각하다 보니 이 말씀을 체화하는 데는 전제조건이 필요함을 알게 되었다. 바로 하나님의 위로와 나의 전적인 믿음이었다. 이 말씀이 진정 나의 말씀이 되기 위해서는 나의 응어리진 마음을 하나님께 다 털어놓고 하나님의 위로를 받아야 했다.

나의 멍청한 태도가 그들이 내게 그리해도 된다고 빌미를 준 것이라는 생각이 들지 않을 때까지 하나님께 매달려야 했다. 마음이 진정 위로를 받고, 사실은 두렵기도 했노라고 주님께 나의 약함을 솔직히 고백할 수 있어야 했다. 나의 약함마저도 주님께 내려놓고 주께서 내 안에 머무시기를 구해야 했다.

그다음은 하나님께서는 어떠한 방법으로든 침묵하지 않으신다는 것을 전적으로 믿어야 했다. 내가 바라던 방식으로 그에게 통쾌한 복수를 해주지 않으시더라도 반드시 하나님께서 내게 선을 행하실 것이고 최후 승리를 허락하실 것이라는 전적인 믿음이 필요했다. 진짜 하나님이 하나님의 방식으로 갚으시리라는 그런 확신이 간절히 필요했다.

그에게 하나님의 복수가 임했는지는 아직 모른다. 그렇지만 이제 내게 중요한 것은 그에게 내려질 하나님의 복수가 아니다. 내게 중요한 것은 내가 그를 더 이상 원수로 여기지 않을 때까지 그를 사랑으로 품는 것이다. 나의 약함으로 그에게 복종하는 것이 아니라 선하심에 의지하여 담대해야 하는 것이다. 비록 두렵더라도 하나님의 강하심을 힘입는 담대함으로 악한 마귀 사단의 방해와 공격을 물리쳐 나가야 한다.

그것이 선으로 악을 이기는 방법이며, 내가 사단과 싸워 이기는 방법이다. 또 내가 천국을 향해 달려가는 길이며, 하나님나라가 확장되는 통로다. 세상에 이보다 더 큰 승리와 복수는 없다!

하나님 감사합니다.

주의 뜻대로 자라오게 해주심을 감사합니다.

사실, 그것이 세상 관점에서 볼 때는

조금 답답하고 어쩌면 바보 같아 보인다고 생각했었습니다.

하지만 지금은 주님께서 그렇게 시키신 데에는

분명 이유가 있을 것이라 믿고,

주의 뜻대로 양육하여 주셨음을 진심으로 감사드립니다.

늘 주의 방식으로 선으로 악을 이길 수 있게 인도하여 주세요.

아버지 지켜주시고 보호해주세요.

주님의 선하신 가르치심을 기대하며

예수님의 이름으로 기도드렸습니다. 아멘.

CHAPTER 10

그냥 하나님의 때를 기다리면 돼

구하라 그리하면 너희에게 주실 것이요
찾으라 그리하면 찾아낼 것이요
문을 두드리라 그리하면 너희에게 열릴 것이니
구하는 이마다 받을 것이요 찾는 이는 찾아낼 것이요
두드리는 이에게는 열릴 것이니라

마 7:7,8

예수님은 예수님의 이름으로 무엇이든지 구하면 다 주신다고 하셨다. 또 구하고 찾고 두드리면 반드시 구해지고 찾아지고 열릴 것이라 말씀하셨다. 심지어 불의한 재판장의 비유를 통해 악독한 사람이 귀찮아서라도 원한을 풀어주는데, 하나님께서 자녀들의 원한에 오래 참으시겠느냐고 가르치셨다(요 15:16 ; 마 7:7-12 ; 눅 18:1-8).

나는 이 말씀들이 다 거짓말 같았다. 빼앗기고 짓밟히기만 했지 내가 구하는 것을 하나도 받지 못했기 때문이다. 사람들은 나를 더욱 멸시했고, 나는 일에서 점점 더 배제되었다. 내 원한은 여전히 풀리지 않았다. 그래서 하나님께 대들었다.

"성경 말씀은 다 거짓말인가요? 제가 구하는 건 하나도 이루어지지 않잖아요. 예수님이 하신 약속이 몇 개인데 하나도 이루어지지 않나요?"

나를 이 지경으로 만든 상사에게 복수하고 싶었다. 하지만 그것은 쉽지 않았다. 그에 대한 복수를 위해 무엇인가 하면 오히려 일이 더 꼬였다. 모든 책임이 내게 돌아왔다. 복수는커녕 상황은 내게만 더 불리해졌다. 잃었던 프로젝트는 여전히 회복되지 못했고 핍박만 늘어갔다.

평생 믿어왔던 하나님이었기에 당시 내가 느낀 배신감은 너무 컸다. 심지어 모든 것이 헛되다고 느껴졌다. 내가 성경에서 읽은 것들, 꿈에서 본 것들, 기도할 때 본 이미지들 모두 거짓말 같았다. 약이 올랐다.

'어차피 아무것도 회복시키지 않으실 요량이면 내게 깨달음을 주지나 마시지. 선명한 이미지로 내게 하나님의 딸이라는 확신이나 주지 마시지. 말지. 괜히 희망 고문만 당했네.'

내가 느끼는 삶의 무게가 더욱 크고 버거워졌다. 매일 화가 났고 집에 오면 더 흥분해 물건을 집어 던졌다. 하나님께 따졌다. 욕도 했다. 당연히 하나님의 소리는 듣지도 않았고 들으려고 하지도 않았다. 마음이 완악해져 하나님께서 설명해주실 기회조차 드리지 않았다.

'어째서 하나님께서는 모든 것을 한 번에 회복시키지 않으셨을까? '전지전능한 아버지'라고 하셨으면서 내게 '사랑하는 딸'이라 하셨으면서 왜 나를 위한 기적을 일으키지 않으셨을까?'

나는 이번 훈련을 통해 그 이유를 알게 되었다. 바로 하나님의 때와 내 때가 달랐기 때문이었다. 하나님은 내가 준비될 때까지 기다리셨다. 모든 상황을 다 세팅해두셨으나 내가 하나님의 뜻을 깨달을 때까지 묵묵히 참으셨다. 그리고는

'나의 때'가 아니라 '하나님의 때'에 모든 것을 회복시키셨다.

나의 때는 '지금 당장'이었다. 앞뒤 안 가리고 '당장'이었다. 나는 미래를 내다보지 못하는 인간이다. 그래서 그때가 가장 힘들다고 생각했다. 무엇이든 더 나빠질 건 없다고 생각했다. 그래서 하나님께서 무엇이든 '지금' 이루어주셔야 한다고 생각했다. 나는 지금 당장이 제일 힘들었으니까.

그러나 하나님의 때는 '적기'(適期)였다. 설사 그것이 30년 후여도 100년 후여도 말이다. 인간인 내게는 가혹하게 느껴졌다. 나는 고작 내 숨이 붙어있는 100년만 생각하니까 하

나님의 시간 계산법이 너무 가혹하게 느껴졌다. 내가 할 수 있는 모든 사고를 동원해 이해하고 합리화해보려 해도 도저히 하나님의 때가 언제일지 계산이 안 됐다.

그런데 스스로 생각하고 합리화하는 것을 포기해버리니 하나님께서는 전혀 예상하지 못했던 시점에 기대하지 않았던 방법으로 모든 것을 회복시키셨다. 하나님은 내가 정말 다 포기할 때까지 기다리셨다. 상황이 이렇게 되다 보니 그 과정을 설명할 수는 없어도 그냥 하나님의 때가 옳다는 것이 받아들여졌다.

하나님은 실수가 없으시다. 그분이 천지만물과 우리를 만드셨기에 우리가 원하는 때가 언제인지 잘 알고 계신다. 그리고 간절히 응답해주시길 원하신다. 자식이 갖고 싶은 것은 다 사주고 싶은 것이 부모 마음이니까.

그렇지만 하나님은 응답을 미루신다. 내가 가고자 하는 길이 순간의 쾌락으로 영원을 잃을 길이라는 것을 아시기 때문이다. 지금 응답하면 내 자식이 더 괴로워질 것임을 알고 계시기 때문이다. 자식이 먹고 싶다고 마약을 주는 부모는 세상 어디에도 없다.

하나님은 기도에 반드시 응답하신다. 지금 당장 이루어지는 것이 없어서 응답이 없는 듯해도 응답이 있는 것이다. 왜 침묵하는지 차분히 타이르시는 응답이 있는 것이다.

프로젝트를 돌려주고 상사들의 괴롭힘을 멈추시기에는 내가 아직 훈련이 부족했으며 많은 것을 배우고 느끼지 못했다. 만약 하나님께서 내 기도처럼 '지금 당장' 모든 것을 회복시키셨다면 나는 다시 옛날로 돌아가 일을 우상 삼고 교만하게 살았을 것이다. 자칫 내 훈련이 시간 낭비가 될 뻔했다.

하나님께서는 세상의 가치를 손에 쥐기 위해 지옥불로 달려드는 딸을 두고 보기만 하지 않으셨다. 안타까워하시며 손에 박힌 가시를 빼내고 상처를 치유해 주셨다. 하나님은 가시 박힌 세상 것을 포기 못 해 다시 지옥불로 뛰어들겠다는 딸의 고집을 온화하게 내려놓게 하셨다.

세상 가치들이 욕심나서 지옥으로 내닫는 딸. 더 이상 부모에게 사랑받는 것을 기뻐하지 않는 딸. 그런 딸도 하나님은 포기하지 않으셨다. 돌이켜보면 당시 하나님은 참 엄하지만 자상하셨다. 부드럽지만 단호하게, 미쳐가는 딸의 중심을 단단히 잡아주셨다.

나를 괴롭히던 이들은 모두 물리적으로도 업무적으로도 멀어졌다. 프로젝트도 다시 내가 진행하고 있다. 그러나 전처럼 안절부절못하며 내 때를 고집하지 않는다. 이제는 지옥불로 걸어가지 않는다.

하나님은 절대 실수하지 않으시고, 그분의 때에 모든 것을 이루시며, 무엇보다 자신의 때를 고집하는 자녀를 절대 포기하지 않으시니 얼마나 다행인가.

"구하고 찾고 두드리면, 구해지고 찾아지고 열린다. 하나님의 때에!"

지금도 자신의 때와 하나님의 때가 달라서 힘든 사람들이 참 많을 것이다. '분명 하나님께서 승리하게 하시고, 세상 것에 지지 않게 하신다고 하셨는데, 왜 점점 더 힘들어지기만 할까?' 하고 속상하고 원통한 사람들이 많을 것이다. 그런 사람들에게 전할 수 있는 위로는 한 가지다.

"기다리세요, 하나님의 때를.
승리하세요, 하나님의 방식으로."

사람은 자신을 지나치게 믿는다. 적어도 자신에 대해서는 자신이 가장 잘 안다고 착각한다. 그러나 절대 그렇지 않다. 인간은 자신의 앞날조차 예측할 수 없다. 사소하게는 자신이 무엇을 먹어야 가장 배부를지, 본능조차 고민하고 또 고민하지 않으면 안 되는 존재다.

그러나 하나님은 전지전능하시다. 절대 실수로 혹은 별 뜻 없이 일하는 분이 아니시다. 천지만물 역시 그분의 계획과 설계 속에 창조되었다.

자신의 계획을 신뢰하지 말자. 오직 하나님의 선하신 뜻을 고대하자. 내 자아를 철저히 내려놓고 예수님 손을 잡자. 인생길, 천국으로 가는 그 길은 너무 곤고해서 예수님이 아니고서는 도저히 한 발자국도 내딛을 수 없으니 말이다.

늘 기억하자.

"나는 틀리고 하나님은 옳으시다."

사랑의 내 아버지 하나님, 감사드립니다.

실수가 없으신 하나님께서 제 아버지가 되어주시고,

제 삶을 맡아 주관하여 주심을 감사드립니다.

제가 부리는 떼를 참아주시고

주의 선하신 때를 이루어주심을 감사드립니다.

주의 선하신 계획으로

제게 최적의 타이밍을 허락하심을 감사드립니다.

지옥불로 달려가는 딸을 건져주심을 감사드립니다.

주여, 앞으로도 주께서 제 삶에 깊게 개입하여 주시옵소서.

다시는 제 때를 고집하지 않게 도와주시옵소서.

우리 주 예수님의 이름 받들어 기도드렸습니다. 아멘.

CHAPTER 11

내가 좋은 밭인 줄만 알았어

가시떨기에 뿌려졌다는 것은

말씀을 들으나 세상의 염려와 재물의 유혹에

말씀이 막혀 결실하지 못하는 자요

마 13:22

하나님의 훈련에는 몇 가지 특징이 있다.

먼저, 자신이 가장 소중히 여기는 것에서부터 시작된다. 어떤 이는 물질, 어떤 이는 건강에서부터 시작된다. 나처럼 일과 사람 관계에서 비롯되는 훈련도 있다. 종류가 무엇이든 자신이 가장 소중히 여기는 것을 내려놓는 것에서부터 하나님의 훈련이 시작된다.

또한 하나님의 훈련은 늘 후회와 자기반성을 동반한다. 훈련을 통해 내게 하나님보다 더 소중히 여기는 것이 있었음을 깨닫고 반성하게 된다. 이로써 자신의 어리석음과 죄를 여과 없이 바라보는 고통의 시간을 보내게 된다. 때로는 죄 사함을 받기에 이미 늦어버린 것은 아닐지, 지난 인생이 다 헛된 것은 아니었을지 괴로워지기까지 한다. 하지만 이내 그런 자신도 사랑해주시는 하나님을 만나고 죄송함과 기쁨의 눈물을 흘리게 된다. 이 과정을 통해 우리는 새로운 사람으로 거듭나게 된다.

마지막으로, 하나님의 훈련 속에 하나님이 계신다. 내가 보기 좋을 대로 선택하여 섬겼던 우상들과 교만했던 나 자신을 버리고 지나온 삶을 거듭 반성하게 되지만, 훈련기간 동안 하나님께서 늘 함께하신다. 절묘한 타이밍에 필요를 채우시고 많은 깨달음을 주신다. 하나님의 사랑과 하나님의 방식을 체화시키시고 영원히 우리를 떠나지 않으실 것을 약속하신다. 훈련을 통해 하나님의 특별 관리 대상이 되는 셈이다.

나는 훈련 받는 동안 예수님만 생각하면 눈물이 뚝뚝 떨어졌다. 그리고 역설적이게도 무엇이 그리 즐거운지 알 수 없는 은혜와 평안이 찾아왔다. 그 누구도 내게 손을 내밀어주지 못했지만 그래서 하나님께서 손을 내밀어주신 그 시간들은 세월이 지나면 지날수록 더 많은 은혜로 내게 다가올 것 같다. 비록 몸과 마음은 죽도록 힘들었지만, 하나님께서 나를 만나주시고 열매 맺을 수 없던 내 마음 밭의 본질을 바꾸신 이 기적이 우리 모두에게 일어났으면 좋겠다.

그래서 훈련 기간에 읽은 말씀 중 밭에 뿌려진 씨앗의 비유에 대해 꼭 전하고 싶다. 이 비유가 우리 신앙의 참된 지향점을 보여줄 뿐 아니라, 훈련이 장기화되지 않기 위해 어떤 태도를 지녀야 하는지도 알려주기 때문이다(마 13:1-9, 18-23).

더구나 이 비유는 예수님이 풀이까지 해주신 몇 안 되는 비유 중 하나다.

씨 → 말씀

마음 밭 → 우리의 심령 상태

우리의 마음 밭은 '길가', '돌밭', '가시떨기', '좋은 밭'으로 비유된다.

먼저 '길가'에 떨어진 씨는 심기지 않는다. 그저 떨어질 뿐이다. 이것은 아무리 말씀을 들어도 그 마음에 말씀이 심기지 않는 사람들을 의미한다. 즉, 완악한 마음 밭을 비유한 말씀이다.

밭에 씨앗을 심어야 뿌리를 내리고 열매를 맺는데, '길가'는 그 씨앗의 소중함을 알지 못한다. 결국 기회를 노린 새가 그 씨를 낚아채고 만다. '길가'의 마음 밭은 스스로 말씀이 마음에 뿌리내릴 기회를 버린 셈이다. 천국이 마음속에 뿌리내릴 기회를 잃은 것이다.

둘째로, '돌밭'에는 씨가 심기긴 한다. 그러나 많은 돌 때문에 씨가 뿌리 깊게 박히지는 않는다. 그러니 누가 그 심긴 것을 뽑으려 하거나 바람이 불면 금방 사라진다. 뿌리가 얕기 때문에. 따라서 이것은 천국을 동경하지만 세상 유혹에 쉽게 넘어가 결코 천국에 들어갈 수 없는 사람들을 비유한 말씀이다.

셋째, '가시떨기' 밭에는 씨가 심기고, 심지어 뿌리를 내리

기도 한다. 하지만 '가시떨기'에 뿌려진 씨는 열매를 맺지는 못한다. 가시덤불이 열매가 날 길을 막고 있기 때문이다. 이는 천국을 사모하고 믿음의 그 뿌리가 있으나 가시 즉, 세상 걱정에 휩싸여 열매는 맺지 못하는 불쌍한 사람들을 비유한 말씀이다.

마지막으로, '좋은 밭'에는 씨가 심기어 뿌리를 내리고 열매를 맺는다. 그것도 씨앗의 크기보다 몇십 배는 큰 열매를 맺는다. 이는 작은 믿음으로 큰 천국을 소유할 자격을 갖춘 사람들을 비유한 말씀이다.

여기서 가장 큰 문제는 '길가'도 '돌밭'도 '가시떨기'도 모두 자신이 '좋은 밭'인 줄 착각하며 살고 있다는 것이다.

나도 그랬다. 나도 내가 '좋은 밭'인 줄 알았다. 성경적 지식이 있고 사람들에게 믿음이 좋다고 칭찬을 많이 받으니, '좋은 밭'은 꼭 나를 두고 하는 말 같았다. 세상에서도 잘나가는 편이니 좋은 결실도 맺고 있는 것이라며 스스로 뿌듯해 했다. 그런데 훈련받는 동안 돌아보니 나는 '좋은 밭'이 아니라 '가시떨기'였다.

말씀을 듣고 아멘으로 받아들여 지금껏 내 마음속에 뿌리를 계속 내려갔다. 그런데 생각해보니 결실을 맺지는 못했다. 내가 결실이라고 생각했던 것들은 모두 쭉정이에 불과했다. 참된 열매가 아니라 참된 열매라고 착각한 것들이었다.

내가 많은 노력을 해왔기에 가능했다고 생각했던 대기업 입사, 사회적 지위, 경제적 안정 등은 모두 헛것이었다. 모두 썩어질 것들이니 열매라 할 수 없었다. 그것들은 하나님의 태양이 쨍하게 비추니 모두 사라져버렸다. 가시를 비집고 맺은 열매들은 모두 기형이었다. 도저히 열매의 모습이 아니었다.

이처럼 밭에 무엇인가 맺혔다고 해서 이를 다 참된 열매라 할 수 없다. 그저 참된 열매인 척하는 헛된 열매도 분명 존재한다. 이 때문에 많은 사람이 '가시떨기 밭'을 갖고 있으면서도 자신들이 '좋은 밭'이라고 착각한다.

참된 열매는 하나님의 태양이 비출 때 더 잘 자란다. 평안, 기쁨, 행복, 믿음, 감사, 은혜 등등. 많이 열릴수록 천국 내 곳간에 차곡차곡 쌓이는 열매들은 하나님의 쨍한 햇빛이 비추면 무럭무럭 자라게 되어있다.

그러나 돈, 명예, 권력 등 세상 것에 관심을 두어 햇빛이 아니라 그늘 쪽으로 줄기의 방향을 트는 순간, 햇빛을 못 받는 평안, 기쁨 등의 열매는 병들고 작아진다. 마찬가지로 내가 추구했던 돈, 지위, 명예, 사회적 안정 등은 하나님의 태양이 쨍하게 비추면 모두 타들어간다. 참된 열매가 아니기 때문이다. 그것들은 기생충 같은 것들이다. 세상의 그늘에서 자라나 하나님의 선한 열매들이 받아야 하는 영양분을 빼앗아 자라나기 때문이다.

이러한 헛된 열매들은 세상 그늘을 벗어나는 순간 사라진다. 천국에 싸 들고 갈 수 없다. 아니, 오히려 그늘에 맺힌 것이 많아 참된 열매가 없다면 천국에 갈 수도 없다. 천국 곳간에 무엇을 쌓았다고 천국에 가겠는가.

또한 헛된 열매들은 자라면서 가시들을 수반한다. 헛된 열매가 자랄수록 가시들은 커지고 억세진다. 예를 들어, 돈이라는 헛된 열매를 생각해보자. 이는 소유에 대한 집착, 남들과의 비교, 더 많이 갖고 싶은 발악, 뜻대로 되지 않는 현실 등의 가시를 수반한다. 그 가시에 찍히고 찢겨가면서 기형적인 열매가 맺힌다. 정말 괴로워 아파하면서 맺는 열매가 돈이라는 헛된 열매이다.

참된 열매를 희생하면서 썩어질 헛된 열매를 추구하는 것이 무슨 의미가 있겠는가. 천국에 절대 갖고 갈 수 없는 헛된 열매들을 추구하는 삶이란 얼마나 안타까운 삶이란 말인가. 하나님의 참된 열매를 맺지 못하는 밭은 어떤 변명의 여지 없이 바로 지옥행이다.

나는 점점 그늘에 가려져 하나님의 햇빛을 외면했다. 하지만 나를 너무도 사랑하시는 하나님은 나를 포기하지 않으셨다. 더욱 쨍하게 햇빛을 비추셨다. '내려놓기'와 '사랑하기'라는 하나님의 훈련, 그 강한 빛에 내가 맺었던 헛된 열매들이 타들어갔다. 가시들도 녹아내렸다.

그 순간은 매우 아팠다. 나를 철저히 부정해야 했고, 내 과오로 낭비한 인생을 인정해야만 했다. 그러나 헛된 열매와 가시가 제거될수록 하나님의 빛이 뜨겁지 않고 따뜻하게 느껴졌다. 그 빛은 참된 열매를 맺기에 최적의 조건이었다.

사람들의 괴롭힘과 일에 대한 집착으로 지옥 같던 내 마음에 다시 평안, 기쁨, 행복이 찾아왔다. 집착, 욕망, 질투 등의 가시도 말끔히 녹아 없어졌다.

기억하자. 햇빛이 있어야 열매가 맺히고 가시가 녹는다. 햇빛이 비칠 때 비로소 그늘은 사라진다. 참된 열매를 맺어야 천국에 갈 수 있으며 햇빛은 오직 예수님의 이름으로만 비춰진다. 지금 내 마음에 은혜와 평강보다 불안과 걱정만 늘어간다면 당장 내 마음 밭을 살펴보자. 혹시라도 가시나 기생충 같은 세상 열매들이 있지는 않은지 확인해보자.

좋은 마음 밭을 가꾸는 것은 하나님의 쨍한 햇빛, 그 사랑이 있어야 가능하다. 따라서 좋은 밭을 이루는 것은 하나님께서 우리에게만 주신 특권이자, 천국 백성이 되기 위한 의무이다. 햇빛과 그늘. 당신의 열매들은 어디를 향하고 있는가?

주 하나님 아버지. 죄송합니다.

주님께서 주신 마음 밭을 가시밭으로 만들어 살고 있었습니다.

제 마음 밭에 세상의 염려와 세상의 재물,

명예, 권력 등을 키우고 있었습니다.

주님께서 평안, 믿음, 은혜, 사랑 등을 키워보라고 주신

그 마음 밭에 가시와 쭉정이들을 키워내고 있었습니다.

주님 이제부터라도 쭉정이가 아니라,

참된 열매를 맺게 하시옵고 가시들을 모두 제거해 주시오며,

다시는 가시들이 자라지 않도록 도와주시옵소서.

제 마음이 그늘이 아니라

하나님의 따스한 볕으로 향할 수 있도록 인도하옵소서.

함께해주시기를 간절히 구하오며,

사랑 많으신 예수님의 이름으로 기도드렸습니다. 아멘.

CHAPTER 12

세상을 향해 나아가도 두렵지 않아

예수께서 나아와 말씀하여 이르시되

하늘과 땅의 모든 권세를 내게 주셨으니

그러므로 너희는 가서 모든 민족을 제자로 삼아

아버지와 아들과 성령의 이름으로 세례를 베풀고

내가 너희에게 분부한 모든 것을 가르쳐 지키게 하라

볼지어다 내가 세상 끝날까지

너희와 항상 함께 있으리라 하시니라

마 28:18-20

하나님께서 주신 말씀들과 체험들로 여러 깨달음을 얻었지만 내 상황은 나아지지 않고 더 나빠지기만 했다. 사람들을 꾀어내는 데 성공한 과장은 기세가 등등해졌고, 나를 더 악랄하게 괴롭혔다. 그는 나를 티 나지 않게 업무에서 배제했고, 새로운 팀장과 담당 임원은 그의 말을 철석같이 믿었다.

사람들은 더욱 나를 피했고, 팀장은 파트 회의를 만들어 과장의 불만을 들어주기 시작했다. 사람들의 표현을 빌면, 내가 하도 과장의 말은 안 들으니 팀장이 파트 회의를 만들어서라도 내가 말을 듣도록 하기 위함이라고 했다.

내가 그에게 듣는 말은 업무와 관련된 것이 아니라 거의 일방적 인신공격이었다. 그는 내게 일을 준 적도 없으면서 일을 안 한다고 면박을 줬다. 그의 말과 행동에 내가 스스로 퇴사하면 제일 좋고, 아니면 어디 한번 버텨보라는 식의 의중이 고스란히 녹아있었다.

그는 파트 회의에서 자신의 관리 부재로 오랜 기간 잘못되어 온 일까지 내게 책임을 떠넘겼다. 그가 혼자 관리할 때부터 잘못된 것임을 알고도 묵혀온 일들을 하나씩 끄집어내어

마치 내가 해당 업무를 넘겨받은 이후 이슈가 발생한 것처럼 상황을 만들어갔다. 그러자 파트 회의에 참석한 모두가 나를 바라보며 비난의 눈초리를 보냈다. 모든 이슈의 화살이 내게 돌아왔다.

내가 그의 보조 역할을 맡았기에 책임이 모호한 상황에서 모든 책임을 내게 넘기는 건 그리 어려운 일이 아니었다. 내게 명확한 업무를 배정하지 않으려 했던 그의 의도가 이런 것이었나 싶었다.

당시 내가 배정받은 업무는 여러 프로젝트의 하기 싫고 귀찮은 일을 처리하는 것이었다. 권한은 전혀 없고 책임은 무한한 그런 업무였다. 잘하면 당연하고 조금이라도 실수하면 무한히 욕을 먹는 자리. 프로젝트 정 담당자가 실수하면 함께 욕을 먹어야 했다. 역할과 책임이 모호하기에 정 담당자의 잘못이 내게 고스란히 넘어올 수 있었다. 그렇다고 왜 나는 이런 일만 주냐고 따질 수도 없는, 치졸하기 그지없는 자리기도 했다.

심지어 다른 사람들의 인사 평가 지표는 모두 숫자로 정량화되어 있을 때 역할이 모호했던 내 평가 지표는 '팀장 정성 평가'였다. 마치 '네 버릇을 내가 단단히 고쳐놓겠다'라는 팀장의 의지가 보이는 듯했다.

사정이 빤히 보이니 동기나 후배들도 나를 무시했다. 업무

경계가 모호하니 내가 해야 한다고 생각하는 일들이 사람마다 달랐다. 그러니 이슈가 터졌을 때는 정 담당자의 기분에 따라 내 책임이 결정됐다. 전혀 내가 해야 할 업무가 아니라고 생각했던 일, 다른 프로젝트에서는 귀찮아도 정 담당자가 챙기는 일들이 다 내 책임이 되었다.

말도 안 되는 상황에서 나는 무슨 말만 하면 버릇없는 사람이 되었다. 정말 내가 해야 하는 일인지 몰라서, 한 번도 논의된 적이 없어서 챙기지 못했다고 예의 바르게 말해도 왜 그랬냐고 추궁하며 나를 몰상식한 사람으로 몰았다. '예의'에 대한 그들만의 기준을 만들어서.

나는 속으로 소리쳤다.

'네가 대리님한테 장난치고 놀리는 것은 예의가 있는 행동이고, 내가 내 일인지 몰랐다고 하는 건 예의가 없는 거냐? 대체 예의가 뭐고 내 일은 뭐냐? 일의 경계를 안 정해준 팀장한테 똑같이 말해봐라. 내가 내 일인지 몰랐다고 하는 것은 예의에 어긋난 것이고, 다른 사람이 내게 말도 안 되는 방식으로 책임을 넘기는 것은 참 예의 바른 것이냐?'

만약 이 글을 당사자가 읽는다면, 내게 증거를 대라고 할 것이다. 회의 때 그는 내게 이렇게 말했다.

"이건 단순 취합이고 귀찮고 티도 안 나. 그러니까 의연이가 해."

내가 너무 황당해 반응이 없자, 팀장이 나서서 이 일을 내게 떠밀려고 했다. 팀장은 과장의 교만과 날 무시하는 태도를 다 알고 있었는데도 그의 피드백은 늘 한결같았다.

"네가 예민한 거야. 그렇게 예민하면 다른 사람과 일하기 힘들어. 걔도 힘들어서 그러는 건데 도와주지는 못할망정 불만을 품어도 되는 거니? 아직 갈 길이 멀었다."

나는 일명 '가스라이팅'(Gas-lighting, 타인의 심리나 상황을 교묘하게 조작해 그 사람이 스스로 의심하게 만듦으로써 타인에 대한 지배력을 강화하는 행위)을 당하고 있었다. 늘 내가 죄인인 것 같았고, 내 상식과 예의가 잘못된 것인지 고민했다. 이것이 나를 병들게 했다. 어느 순간 그들의 논리에 맞춰 나를 정죄하고 다른 사람을 판단하고 있었음을 발견하고 소스라치게 놀라기도 했다.

과장이 불만을 토로하면 팀장은 나를 보고 한숨을 쉬며 "그래, 내가 팀 관리를 못 했어. 미안해"라고 했다. 당연히 내 연말 평가 결과는 최악이었고, 그래서 이왕지사 따져 물었다. 당신은 왜 알면서도 아무것도 하지 않았느냐고. 돌아온 팀장의 피드백은 너무나 어이가 없었다.

"그에 대한 신고가 유관부서에서도 많았고, 그래서 그가 팀을 옮긴다고 할 때 빠르게 보내준 것이다. 아무것도 안 한 건 아니다."

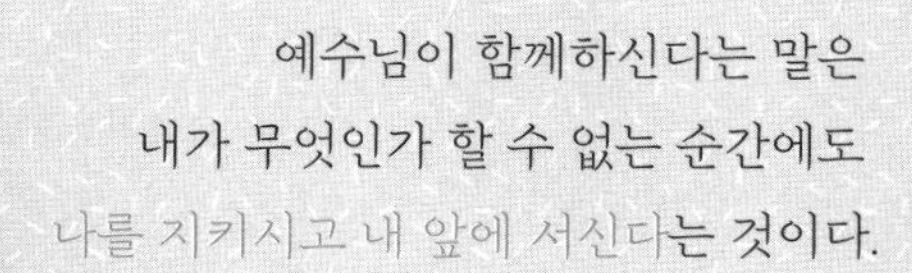

예수님이 함께하신다는 말은
내가 무엇인가 할 수 없는 순간에도
나를 지키시고 내 앞에 서신다는 것이다.

아니다. 틀렸다. 그들은 당하고도 신고 안 하는 멍청한 나를, 이런 괴롭힘에도 쉽사리 회사를 그만두지도 못하는 나를 무시한 것이다. 그들은 나를 신고도 못 하는 순진하고 멍청한 찌질이 정도로 평가했다. 만일 팀장이 정말 무엇인가를 하고자 했고, 나를 무시한 것이 아니라면 일차로 과장을 불러 따끔하게 혼냈어야 했다. 어떤 이유와 상황에서든 그의 성차별적 발언과 성희롱, 인격모독적인 발언들은 따끔하게 경고를 받아야 맞다. 그러나 팀장은 그렇게 하지 않았다.

내가 일의 경계가 모호해 고생하는 것을 봤으면 팀장으로서 응당 조정했어야 한다. 그러나 그는 오히려 나와 상담한 내용으로 나를 험담했다. 나에 대한 험담으로 과장을 위로했다. 내게 씻을 수 없는 상처를 주면서 과장 뜻대로 그를 달랬다. 팀장은 알고도 넘어갔다. 사실은 아무것도 하지 않은 것이다. 아니, 오히려 나의 상처를 즐기며 팀원들과 공감대를 형성할 안주로 삼았다. 그는 나에 대해 그가 사석에서 뱉은 말들이 내게 다시 다 들려온다는 것을 알고는 있었을까?

사실 몇 번이고 그들을 신고하러 고충 센터에 올라갔다. 증거도 많이 모아 놓았고 일기도 썼다. 연월일시까지 자세히 기록해두었다. 신고

하고 싶었다. 언론에도 뿌리고 싶었다. 성희롱, 도덕성에 굉장히 민감한 회사기에 상사의 불합리한 괴롭힘은 신고 대상이었고 해고도 가능했다. 내가 인간적인 마음이 앞섰다면, 하나님의 자녀로 자라지 않았다면 벌써 신고했을 것이다.

그러나 하나님께서 매번 "사랑하라"라는 메시지와 함께 멈추게 하셨다. 같은 사람이 되지 말라고 하셨다. 어쩌면 나는 하나님이 벌주시기를 기다렸던 것 같다. 내가 주는 벌은 너무 약할 테니. 그러나 하나님의 벌은 쉽게 내려지지 않았고, 그들의 악행을 참는 내 모습은 더 피폐해졌다.

✿

하나님이 살아계시고 반드시 역사하실 거라는 확실한 증거와 약속이 필요했다. 그래서 솔직히 '속는 셈 치고' 기도를 시작했다. 엉엉 울면서 그간 있었던 일들을 하나님께 전부 일러바쳤다.

그날, 앞에서 말한 세 가지 환상(우는 나를 품에 안고 다독이시는 예수님의 모습, 나를 공격하는 뱀을 베어버리시는 예수님의 모습, 내가 어디서 부르더라도 내 곁에 나타나시는 예수님의 모습)을 이미지로 보았다. 예수님은 늘 나의 곁에서 나를 지키고 계셨다. 예수님의 음성을 듣지도 못할 만큼 서럽게 울기만 하니 이미지로라도 보여주시며 위안과 용기를 주셨다.

예수님이 십자가에서 부활하신 후에 말씀하신 바가 있다(마 28:20).

"볼지어다 내가 세상 끝날까지 너희와 항상 함께 있으리라."

내가 본 이미지들을 통해 이 말씀이 실현되었다. 그 이미지들 속에서 나는 약했고 의기소침했다. 그렇지만 내가 어떤 모습이어도 예수님은 늘 사랑스러운 눈으로 날 봐주셨고 당당하게 나를 지키셨다.

예수님이 함께하신다는 말은 그저 옆에만 있어주는 수동적인 의미가 아니다. 예수님은 전지전능하시고 나의 삶을 이미 주관하시고 계시기 때문에, 함께 계신다는 말은 내가 한 순간이라도 두려워하지 않도록 완벽하고 세심하게 보호하실 것이라는 지극히 능동적인 표현이다. 내가 무엇인가 할 수 없는 순간에도 나를 지키시고 내 앞에 서신다는 것이다.

그런데 예수님은 내게 예수님이 나를 지키고 보호한다는 말씀만 하신 것이 아니었다. 그를 신고하는 것을 막고 사랑을 베풀라 가르치심으로써 내게 명령하신 바가 있다.

그러므로 너희는 가서 모든 민족을 제자로 삼아
아버지와 아들과 성령의 이름으로 세례를 베풀고
내가 너희에게 분부한 모든 것을 가르쳐 지키게 하라

마 28:19,20

예수님의 지극한 보호하심을 받는 우리에게는 주님의 가르침과 사랑을 전할 의무가 있다. 수천 가지 말보다 행동으로 주님의 사랑을 보일 의무가 있다. 즉, 나는 약하지만 예수님의 보호하심을 힘입어 주님의 사랑을 담대히 전해야 한다. 예수님은 예수님의 보호하심이라는 나의 권리로 천국을 이루어가는 나의 의무를 수행하라 요청하셨다.

따라서 과장의 괴롭힘에 억울해하고 괴로워할 일이 아니었다. 하나님이 돌보지 않으시면 어떻게 하나 걱정할 필요가 없었다. 오히려 하나님의 딸로서 모범을 보이며 그에게 복음의 씨앗을 뿌렸어야 했다. 두려워서 주저앉을 것이 아니라, 담대히 예수님의 명령을 수행해야 했다. 인내함으로써 그에게 하나님의 자녀는, 믿는 사람은 다르다는 것을 보여주고, 그러니 당신도 하나님의 자녀가 되어보자고 말과 행동으로 보여주었어야 했다. 주님의 사랑을 몸소 실천해야 했다.

물론 인간이 보기에 절대 제자 삼아지지 않는 사람들도 존재한다. 그런데 그것은 내가 결정할 문제가 아니다. 하나님께서 알곡과 쭉정이를 고르실 것이다. 내가 아니라 그분이.

그러니 나는 묵묵히 주님이 시키신 대로 두려워 말고 가서 제자 삼아 주의 길을 가르쳐야 한다. 내가 먼저 실천하고 사람들이 변하도록 최선을 다해야 한다.

그것이 주님의 명령이니까.

주여.

가서 제자 삼고 주의 도를 가르치라시는

주의 말씀에 순종하게 하시옵고

합당한 능력과 은혜 더하여 주시옵소서.

또한, 주께서 제게 보여주신 세 가지 이미지를 통해

주님의 확신을 보여주심을 감사드립니다.

늘 주께서 보여주신 사랑과 은혜를 몸소 실천하며

주님의 방법으로 승리하게 하소서.

사랑 많으신 우리 주 예수 그리스도의 이름 받들어

기도 올렸습니다. 아멘.

CHAPTER 13

우리는 넉넉히 이기고 있어

그러나 이 모든 일에 우리를 사랑하시는 이로 말미암아

우리가 넉넉히 이기느니라

내가 확신하노니 사망이나 생명이나 천사들이나 권세자들이나

현재 일이나 장래 일이나 능력이나 높음이나 깊음이나

다른 어떤 피조물이라도

우리를 우리 주 그리스도 예수 안에 있는

하나님의 사랑에서 끊을 수 없으리라

롬 8:37-39

항상 지고만 있는 느낌이었다. 차라리 세상 방식으로 그들에게 복수하는 게 더 통쾌하고, 그런 후에야 내가 치유될 수 있을 것 같았다. 매번 세상 사람들이 승기를 드는 것이 너무 원망스러웠다.

실제로 하나님을 많이 원망했다. 그분을 너무너무 믿고 의지해 왔기 때문이었다. 하나님은 뭐든 다 하실 수 있음을 알았고 믿었다. 그래서 더 속상했다. 능력이 없어서 해줄 게 없는 부모가 아니라, 다 할 수 있으면서 안 해주시는 아버지라서 하나님이 멀게만 느껴졌다.

내게 한 말씀도 안 하시는 게 분했다. 배신감이 치솟았다. 간절히 직접 한 말씀 듣고 싶었다.

'내가 여기 있다. 내가 너를 사랑한다.'

당시에는 하나님께 버림받은 것 같아 더 이상 살 의미가 없다고 생각했다. 그런데 사실 내 분노로 그분의 음성을 듣지 못한 것이었다. 하나님께서는 늘 말씀하고 계셨다.

'사랑하는 딸아, 그래도 사랑한단다.'

점점 길어지는 하나님의 훈련으로 좌절할 때, 지푸라기라도 잡는 심정으로 로마서 말씀을 붙잡았다.

그런즉 이 일에 대하여 우리가 무슨 말 하리요
만일 하나님이 우리를 위하시면 누가 우리를 대적하리요
자기 아들을 아끼지 아니하시고
우리 모든 사람을 위하여 내주신 이가
어찌 그 아들과 함께 모든 것을 우리에게 주시지 아니하겠느냐
누가 능히 하나님께서 택하신 자들을 고발하리요
의롭다 하신 이는 하나님이시니 누가 정죄하리요
죽으실 뿐 아니라 다시 살아나신 이는 그리스도 예수시니
그는 하나님 우편에 계신 자요
우리를 위하여 간구하시는 자시니라
누가 우리를 그리스도의 사랑에서 끊으리요
환난이나 곤고나 박해나 기근이나 적신이나 위험이나 칼이랴
기록된 바 우리가 종일 주를 위하여 죽임을 당하게 되며
도살당할 양같이 여김을 받았나이다 함과 같으니라
그러나 이 모든 일에 우리를 사랑하시는 이로 말미암아
우리가 넉넉히 이기느니라 내가 확신하노니
사망이나 생명이나 천사들이나 권세자들이나
현재 일이나 장래 일이나 능력이나 높음이나 깊음이나
다른 어떤 피조물이라도 우리를

우리 주 그리스도 예수 안에 있는

하나님의 사랑에서 끊을 수 없으리라

롬 8:31-39

매주 토요일마다 교회나 기도원에 가서 기도하곤 했다. 어느 날, 어떤 깨달음도 응답도 얻지 못한 채 예배실 앞쪽에 달린 십자가를 계속 쳐다보고 있었다. 그런데 내 마음에 한 문장이 또렷이 새겨졌다.

'승리의 확신에 찬 십자가'

십자가에 생동감이 있었다. 마치 싸울 준비를 끝낸 사기 넘치는 군인 같은 모습이었다. 이길 것 같은 느낌이었다. 모든 훈련이 끝난 듯 가뿐하고 개운했다. 순간, 편안하게 모든 것을 내려놓게 되었다.

그런데 그러기도 잠시, 다시 분노와 의심이 차올랐다. 이길 거니까 기다리라고 하실 때 믿고 기다렸어야 했다. 하나님께서 사인을 주셨지만 나는 또 기다리지 못하고 일을 망쳤다. 내 분노와 조급함으로 기회를 놓쳤고, 훈련은 더욱 길어지고 말았다.

아무리 기다려도 내가 승리한다는 소식은 없었다. 여전히 과장은 기고만장했고, 나는 천하의 천덕꾸러기 신세였다. 집에 돌아와서는 순간적으로 분이 차올라 쿠션과 리모콘을 집어던지며 화내고 원망했다. 정말 서럽게 울었다. 급하게 정신병원을 찾았다. 복용하던 약의 강도가 더욱 세졌다.

병원에서 돌아와 씻고 있는데, 어디선가 "우리 집에 와보지 않을래?" 하는 목소리가 들리는 듯했다. 이 음성을 듣고 교회에 가고 싶어졌고 금요 철야 예배에 가서 하나님께 눈물로 하소연했다. 그러자 '일상으로 돌아가라'라는 마음이 들었고 하늘의 평안이 내게 임했다. 나는 더 이상 조급하지 않았고, 화나거나 슬프지 않았다. 오히려 기뻤다.

이후로는 사람들의 괴롭힘도 그러려니 하게 되었다. 나는 다시 무엇인가를 시작했다. 모든 걸 다 놓고 오직 '회사-집-울기'만 반복하던 일상에서 벗어나 공부도 하고, 친구들도 만났다. 학생 때의 열정을 회복하여 여러 일을 해나갔다. 그리고 스스로를 돌보며 안아주었다.

회사 일에 대해서도 조급함이 없어졌다. 프로젝트가 내게 다시 주어지면 하고, 그렇지 않아도 상관없이 내 삶을 누리리라 생각했다. 누가 나를 욕했다는 소문에도 신경 쓰지 않았다. 도살장에 끌려가는 개처럼 회사에 출근하지도, 거울이

달린 팩트를 들고 화장실에 가서 울지도, 야근하는 동기들을 부러워하지도 않았다.

회사에 내 가치관을 두지 않게 되었다. 그러자 회사 사람들의 괴롭힘이 전혀 문제가 되지 않았다. 전에는 집에 와서도 그날 받은 상처들을 곱씹고 슬퍼했다. 하지만 '일상으로 돌아가라'라는 하나님의 메시지를 받은 후로는 이러한 상처에 전혀 개의치 않았다. 맛있는 것을 먹고, 하고 싶은 공부도 맘껏 했다.

무엇보다 사람을 웃으며 대할 수 있게 되었다. 진심으로. 내가 진심으로 다가가도 싫어하는 사람도 있었고, 과장의 괴롭힘도 여전했다. 하지만 나는 그런 사람들에게 더 밝게 웃어주었다.

얼마 지나지 않아 내 일은 원래대로 돌아갔고, 과장은 다른 부서로 이동했으며, 팀장도 바뀌었다. 물론 지금도 내 훈련이 다 끝난 것은 아니며, 다듬어져야 할 부분도 여전히 많다.

내가 더 이상 일과 사람 관계에 집착하지 않고, 내게서 우상이 완전히 사라지자, 비로소 하나님께서 내게 일과 사람 관계를 허락하셨다. 더 정확히는 세상 것들을 하찮게 여길 준비가 되었을 때, 숭배할 우상이 아닌 밥벌이 수단으로써 일을 주셨고 사람을 허락하셨다.

물론 내가 하나님의 뜻을 다 깨닫고 실천한 건 아니기에,

여전히 훈련은 남아있다. 하지만 상사와의 대립, 다시 말해 사단과 나의 대립은 예수님과 함께 나의 승리가 되었다.

거의 모든 것이 되돌아온 후, 다시 '넉넉히 이긴다'라는 말씀이 생동감 있게 다가왔다. 그냥 이기는 거나 간신히 이기는 게 아니다. 넉넉히 이기는 것이다. 세상의 것을 되찾아서 승리한 것이 아니다. 천국의 소망을 되찾았기에 승리한 것이다.

그렇다. 예수님 덕분에 나는 넉넉히 이겼다. 내가 싸우려고 하지 않고 오히려 일상으로 돌아가 하나님을 기다릴 때 진정한 승리가 시작되었다. 하나님께 주권을 넘겨드렸을 때 사단을 부수고 천국 소망을 되찾았다. 드디어 사단의 압제에서 벗어나 서서히 주님의 딸로서의 고결함을 되찾았다.

주여, 주를 통한 승리의 삶을

늘 살 수 있게 도와주시옵소서.

주의 사랑 안에서 넉넉히 이긴다는 것을 간절히 믿사오니,

주여 늘 주의 방식으로 역사하시고 승리하게 하옵소서.

주여, 제가 싸우려 하지 않고

제 모든 주권을 주께 드리게 해주시옵소서.

제게 주권이 있다고 착각하지 않도록

늘 제 마음을 주장하여 주시옵소서.

감사드리오며, 우리 주 예수 그리스도의 이름으로

간절히 기도드렸사옵니다. 아멘.

세상과
다르게 살기

CHAPTER 14

이제는 이기고 이루는 삶을 살 거야

대저 하나님의 모든 말씀은 능하지 못하심이 없느니라

마리아가 이르되 주의 여종이오니

말씀대로 내게 이루어지이다 하매

천사가 떠나가니라

눅 1:37,38

나는 어느 순간부터 헛된 소망과 꿈을 갖기 시작했다. 회사에서의 성공이 삶의 기준이 되어갔다. 그런 헛된 비전이 나를 더욱 병들게 했다. 하나님께서는 이를 꺾으시고 참된 비전을 주시기 위해 고난을 허락하셨다. 과장과 주변 사람들의 모진 멸시와 천대를 통해 진정한 내 비전이 무엇이었는지 다시 한번 상기시키셨다.

고된 하나님의 훈련으로 힘들던 시절, 하나님께서는 내게 두 가지 꿈을 꾸게 하시고 나의 비전을 확인시키셨다. 그분의 음성을 제대로 못 들으니 꿈으로라도 보여주신 것 같다. 내가 헛된 비전으로 아파하고 괴로워하니 꿈에서라도 내 참된 비전을 보이시며 이렇게 말씀하시는 듯했다.

"나는 네게 세상에서 성공하라는 비전을 준 적이 없어. 내 귀한 자녀들이 세상의 썩어질 것을 위해 자신을 갉아먹고 괴로워하는 것을 보고 싶지 않거든. 너의 미래는 내가 만들어 나갈 거야. 네가 가지지 않아도 되는 것을 위해서 부디 그만 아파하렴."

첫 번째 꿈의 배경은 학교였다. 학교 계단을 올라가는데 계단에 나를 위한 선물이 가득했다. 온갖 초콜릿과 사탕, 과자 등의 선물이 놓여있었다. 또한 층마다 나를 향해 환호하고 축하의 박수를 쳐주는 사람들이 가득했으며, 그 층계를 오르는 한 걸음 한 걸음이 즐거웠다. 나는 그 선물들을 커다란 박스에 주워 담았다. 그 양이 너무 많아서 엄마에게도 담아달라 부탁했는데 박스에 차고 넘쳐 사람들에게 나눠주기까지 했다. 그래도 선물이 여전히 많았다.

두 번째 꿈의 배경은 교회였다. 나는 교구를 모으기 위해 여러 교회를 돌아다녔다. 교회 문을 두드릴 때마다 교회에서 사람이 나와 내게 여러 교구를 내어주었다. 그것을 다 담느라 차에 짐이 가득했다. 꿈이었지만 아주 뿌듯했다.

나는 아직도 이 꿈들의 의미를 계속해서 찾아가고 있다. 비록 꿈의 의미에 대한 정답은 찾지 못했으나 이 꿈이 하나님께서 내게 보이신 하나님의 계획과 나의 비전임을 알고 있다. 즉, 하나님께서 나를 창조하신 목적이 나만을 위한 부와 명예를 쌓는 것이 아니라는 것은 확실히 깨닫고 있다.

하나님께서 내게 심으신 비전이 무엇인지 정확히는 알 수 없다. 평생을 살아가며 구체화해나가야 한다. 다만, 이 꿈을 통해 내가 천국에 소속된 확실한 주님의 자녀라는 것과 주께서 정한 내 비전은 반드시 이루어질 것만은 명확히 알 수 있었다.

성경 인물 중 하나님께서 주신 비전에 가장 민감하게 대응한 사람이 누구였을까? 노예로 팔려갔지만 애굽의 총리가 된 요셉? 바벨론에 포로로 잡혀갔지만 하나님을 끝까지 배반하지 않았던 다니엘과 세 친구?

나는 예수님의 육의 어머니인 마리아라고 하고 싶다. 성경에 나온 믿음의 선진들이 모두 그러했지만, 마리아는 하나님께서 주신 비전에 목숨까지 걸었다(눅 1:26-38).

하나님께서 마리아에게 주신 비전은 예수님의 육의 어머니가 되는 것이었다. 그녀는 하나님께서 주신 비전에 믿음으로 순종하여 예수님이 '메시아'의 뜻을 이루실 수 있도록 육적 길목을 열었고, 하나님께서는 마리아에게 주신 비전을 하나님의 방식으로 온전히 이루셨다.

천사가 다윗의 자손 요셉과 정혼한 마리아에게 찾아갔다. 그러고는 그녀에게 잉태하여 아들을 낳을 거라고 했다. 요셉과 마리아는 정혼만 했을 뿐 동거하지 않았다. 당연히 마리아와 요셉 사이에서 아이가 생기는 건 불가능했다.

이에 마리아가 물었다.

"나는 남자를 알지 못하니 어찌 이 일이 있으리이까?"

천사가 다시 대답했다.

"성령이 네게 임하시고 지극히 높으신 이의 능력이 너를 덮으시리니 이러므로 나실 바 거룩한 이는 하나님의 아들이라 일컬어지리라."

그녀가 성령으로 잉태하고 하나님의 일에 사용될 것임을 일러주었다.

이때 마리아가 답했다.

"주의 여종이오니 말씀대로 내게 이루어지이다."

당시 시대상을 고려할 때, 마리아의 대답은 정말 놀랍다. 남편이 아닌 사람의 아이를 잉태한 것이 드러나면 돌로 쳐 죽이는 것이 당시 법도였기 때문이다.

마리아가 이런 사실을 몰랐을까? 불러오는 배를 숨기고 살아남을 거라고 판단했을까? 아니다. 마리아는 하나님께서 주신 비전을 근거로 그분께 목숨을 던진 거라고 할 수 있다.

마리아에게는 확신이 있었다.

'하나님께서 주신 비전을 이루기까지 그분이 지키시고 보호하신다!'

또한 그녀는 하나님의 비전을 위해 안정적인 삶도 내던졌다. 하나님의 뜻에 사용될 자신의 비전을 받고, 잠시의 고민도 없이 이를 수락했다. 남편 요셉에게 버림받을 수 있다는 두려움도 전혀 찾아볼 수 없다. 혼기가 차면 결혼해 가정을 이루는 것이 당연했던 당시, 마리아는 하나님의 비전 앞에 자신의 상식도 안정적인 삶도 다 내려놓았다.

마리아는 하나님의 비전을 이루어 가시는 방식에도 순종했다. 그녀는 가이사 아구스도의 명으로 호적을 위해 임신한 몸으로 갈릴리에서 베들레헴까지 먼 길을 떠났고 그곳에서 출산한다. 메시아를 잉태했음에도 그저 사람에 불과한 가이사 아구스도의 명을 수행하기 위해 피곤한 길을 나섰고 초라하기 그지없는 마구간에서 아기를 낳았다. 예수님이 태어나신 이후에는 예수님을 죽이려는 헤롯을 피해 애굽으로 피신하기까지 했다. 그래도 메시아를 잉태하였는데 초라하기 그지없는 모습으로 출산하고 출산 후에는 권력자에게 쫓기며 살았다.

그러나 마리아는 불평하지 않고 끝까지 자신의 비전을 기쁨으로 이어나갔다. 하나님께서 일러주시는 대로 먼 길 떠나는 것도 마다하지 않으며 하나님의 말씀에 순종함으로 예수님을 지켜나갔다. 마리아는 놀랍도록 치밀한 계획으로 비전을 이뤄나가시는 하나님을 체험했고 순종했고 그렇기에 매 순간 평안했고 즐거웠을 것이다.

✿

하나님께서는 자녀들에게 하나님나라의 비전을 선물하셨고, 하나님의 방식으로 이를 이루어나가신다. 우리와 평생을 함께하시며 우리에게 주신 비전을 통해 그분의 뜻을 이루시고 우리를 만나신다.

나도 하나님께 하나님 사업에 참여할 수 있는 비전을 선물 받은 셈이다. 하나님은 내가 세상의 헛된 욕망을 좇는 것을 원하지 않으셨다. 세상의 헛된 꿈들을 위해 나를 희생하고 하나님을 버리도록 내버려 두지 않으셨다. 특히 천국 시민권을 내던지는 것만은 절대 묵과하지 않으셨다. 그래서 내게 하나님의 비전을 보여주셨다.

내게 주신 비전을 이루시기 위해 하나님께서 일하시니 세상과 나의 상식을 역행해도 된다는 확신을 주셨다. 때로는 비전을 이루시는 하나님의 방식이 도저히 이해되지 않더라도, 내가 원하는 모습과는 다르더라도 순종할 때 하나님의 인도하심으로 참된 기쁨을 누릴 수 있음을 일러주셨다.

지금도 나는 나의 비전을 찾아가고 있다. 아직 갈 길이 한참 남았다. 하지만 그 형태가 무엇이라도 하나님께서 주신 비전은 모두 하나님나라를 이루기 위한 것임을 알고 있다. 하나님의 사랑을 전하고 더 많은 영혼이 하나님께로 돌아오도록 하는 일.

하나님께서 주신 비전을 붙잡기 위해 내가 꼭 쥐고 있던 세상의 헛된 욕심들을 내려놓아야 했다. 돈, 명예, 권력, 심지어는 주변 사람들까지도. 모두가 실체는 없고 욕심들뿐이라 손에서 속절없이 놓칠 나의 욕심들.

처음에는 그것들을 손에서 놓치지 않으려고 더욱 꽉 쥐었다. 그럴수록 손톱이 손바닥을 찔러 피가 났다. 그러면서도 세상의 욕심들을 내려놓지 못했고 스스로를 괴롭히며 아파했다. 그 모습이 안타까우셨던 하나님은 직접 내 손을 펴주셨다. 손바닥에 난 상처를 소독하고 약을 덧발라주셨다.

그분은 침묵하지 않으셨다. 매 순간 일하셨다. 내 손에 난 그 모진 상처를 치료하기 위해 약을 발라주셨다. 치유되고 변화된 내가 그 증거다. 하나님께서 아무 일도 안 하고 계셨다면 내가 이런 깨달음을 얻을 수 있었을까?

물론 상처에 소독약을 뿌리고 약을 바르니 순간은 너무나도 아팠다. 살이 부글부글 끓는 기분이었다. 내가 쥐고 있던 헛된 욕망은 손을 펴자 바로 날아가 버렸다. 처음에는 허탈하고 아쉬웠다. 지금까지의 내 노력이 모두 물거품처럼 없어지는 것 같았다. 인생을 헛살았나 싶었다. 이제 어떻게 살아야 하나, 막막함마저 찾아왔다.

그러나 이내 참 평안이 찾아왔다. 하나님께서 손을 펴주신 그 자리에 은혜, 평안, 행복이라는 선물을 가득 올려놔 주셨다. 신기하게도 이것들은 아무리 센 바람이 불어도 사라지지 않았다. 마치 하나님께서 접착제를 발라두신 듯했다. 그래서 이제 더는 손을 꽉 쥐려고 손바닥을 후벼 파지 않아도 되었다.

하나님께서 주신 내 비전은 세상의 부귀영화가 아니다. 그것을 내 비전으로 주실 만큼 나를 덜 사랑하지 않으셨다. 영원히 사라지지 않을 하나님의 비전을 선물로 주시고 내게 하나님나라 확장 사업에 참여할 기회를 주셨다.

하나님의 훈련 이후 내 방 거울에 붙여둔 말이 있다.

"분명히 기억해야 할 것은 내 비전은 하나님의 사람이다!"

또다시 회사 일, 세상 욕심에 매몰되어 세상의 헛된 비전을 좇지 않도록 이렇듯 경계의 문구를 적어두고 하루에 두 번 이상 보고 있다.

다시 과거의 어리석은 나로 돌아가지 않고, 세상을 견디는 삶을 뛰어넘어 세상을 이기고 하나님의 비전을 이루는 삶을 살기 위해서.

아버지. 감사드립니다.

제게 주님의 선하신 계획을 보여주시고

하나님의 일을 제 비전 삼게 하심을 감사드립니다.

내 비전은
하나님의 사람이다

주여, 사실 정말 힘들었습니다.

세상 것들을 제 목표로 삼고 살 때는

너무나도 지치고 힘들었습니다.

세상 것들은 잡으면 잡을수록

오히려 괜히 잡았다고 생각된 적이 많았습니다.

늘 채워지지 않는 마음의 구멍이 있었습니다.

주여, 저를 통해 이루실

주님의 선하신 뜻을 기대하고 믿습니다.

주님 주의 뜻대로 이루어주시옵소서.

악한 마귀 사단이 틈타서

제가 또 주님의 비전을 잊고

주님의 선하신 뜻을 무시하지 않도록

보호하시고 지켜주시옵소서.

예수님의 이름으로 기도드렸습니다. 아멘.

CHAPTER 15

내려놓을 용기가 생겼어

갈릴리 해변에 다니시다가

두 형제 곧 베드로라 하는 시몬과 그의 형제 안드레가

바다에 그물 던지는 것을 보시니 그들은 어부라

말씀하시되 나를 따라오라

내가 너희를 사람을 낚는 어부가 되게 하리라 하시니

그들이 곧 그물을 버려두고 예수를 따르니라

마 4:18-20

예수님의 수제자 베드로는 많은 믿음의 공적들을 세웠다. 그러나 성경을 읽을 때마다 베드로의 공적보다는 그의 순박했던 믿음에 더 큰 감동을 느끼곤 한다(베드로는 이미 앞에서도 다루었지만, 아무리 이야기해도 참 멋진, 꼭 만나보고 싶은 사람이다).

베드로는 나 자신을 돌아보고 반성하게 했다. 그의 순박함은 돈, 명예, 안락한 삶 등 세상 가치를 추구했던 나의 모습과 대조된다. 어부 출신으로 그다지 똑똑하지는 않았지만, 늘 예수님을 구원자라 고백했던 베드로의 순박한 믿음. 그 마음을 보고 있자니 괜히 웃음이 났다(아, 물론 그간의 내 모습 때문에 양심에 찔리기도 했다).

세상 지식은 없지만 예수님이 자기 마음의 1번이라 고백하는 베드로. 예수님을 향해 씨익 웃었을 것만 같은 베드로의 순수한 모습이 계속 떠올랐다. 그리고 내가 얻고자 노력했던 일, 사람 관계 등 세상 가치들이 다 무슨 소용일까 싶었다.

예수님과 베드로의 첫 만남은 정말 인상 깊다(마 4:18-22).

학문의 깊이라고는 없는 어부를 제자로 삼으신 예수님도, 예수님의 명령에 어떤 변명도 없이 순종한 베드로도 정말 대단하다고 느껴졌다.

예수님이 베드로에게 깊은 곳에 가서 그물을 던지라 하셨다. 그리고 베테랑 어부였던 베드로는 낚시라고는 하나도 모를 것 같은 젊은 예수님의 말씀에 순종한다. 그 후 한 배 가득 고기가 잡혔다. 이제 예수님은 베드로에게 자신의 제자가 될 것을 명령하시며 고기를 낚는 어부가 아닌 전도하는 삶을 살라고 말씀하신다.

이때 베드로의 대답은 "Yes, Sir!"이었고 베드로의 행동은 'Nothing left'였다. 즉 베드로는 1초의 고민도 하지 않고 "네, 예수님!"이라 대답했고, 자신이 평생 업으로 삼아오던 그물을 던지고 예수님을 따랐다.

여기서 그물의 의미를 살펴봐야 한다. 어부였던 베드로에게 그물은 크게 두 가지 의미를 갖는다.

먼저는 생계 수단이었다. 베드로는 직업이 어부다. 고기를 잡아야만 먹고 살 수 있다. 이것이 그의 지난 인생이었다. 또한, 예수님을 만나기 전까지 그의 앞날도 고기를 잡아 생계를 이어가는 것이었다. 그런 베드로가 그물을 놓는다는 것은 예수님을 따르는 데 생계도 걸림돌이 될 수 없다는 믿음을 보인 것이라 할 수 있다. 또한, 어부로 살지 않아도 예수님이 먹이고 입히실 것이라는 확신을 보인 것이기도 하다.

다음으로, 그물은 생계 수단 이전에 자신의 정체성이었다. 베드로는 물고기를 잡으며 자신의 존재가치를 느꼈다. 그는 어부였기 때문이다. 예수님을 만나기 전까지 베드로의 정체성은 물고기를 잡는 행위로부터 출발했다.

따라서 베드로가 예수님의 부르심에 단 1초의 망설임도 없이 그물을 버린 것은 자신이 주체였던 삶을 내려놓았다는 것을 의미한다. 이제까지의 자기 삶의 방식을 버렸다는 것을 의미하기도 한다. 즉, 베드로는 자신의 과거를 뒤로하고 주님이 주도하시는 현재와 미래를 선택했다.

베드로에게는 자신의 주체성보다 예수님과의 생활이 더 값져 보였을 것이다. 그리고 예수님 앞에서 자신의 지난 삶과 자신이 주관할 미래가 보잘것없다는 것을 잘 알고 있었을 것이다. 그는 비록 많이 배운 학자는 아니었지만 본능적으로 예수님을 택했다.

이 옳은 선택은 분명 지혜가 아니라 본능에 의한 것이었다. 예수께서 한 배 가득 잡힌 고기로 몸소 메시아이심을 보여주셨고 성령께서 베드로의 마음을 살짝 울리셨다. 익숙함을 버리고 낯설지만 참된 것을 택할 수 있었던 베드로의 용기는 베드로의 순종과 하나님의 선하신 계획의 합작품이었다. 주님을 의지하고 순종했던 베드로는 자신을 내려놓을 용기를 얻었고, 결국 마지막 날까지 예수님과 동행하는 삶을 살게 된다.

반면 누가복음 9장에 나오는 사람들은 베드로와는 대조적인 양상을 보인다(눅 9:57-62). 그들에게는 핑계가 많았다. 예수님을 따르겠노라고 하면서 여러 조건을 갖다 붙인다.

"가족에게 인사하고 오겠습니다."

"장례를 치르고 오겠습니다."

결국 그들에게 예수님은 세상의 일 다음이었다. 그들의 우선순위에서 예수님은 저 밖이었다. 하나님의 선하신 계획은 늘 있었으나 이들의 순종이 뒷받침되지 않았고, 이들은 자신들의 그 어떤 것도 내려놓을 용기를 내지 못했다.

내게는 프로젝트, 회사, 경제적 안정이 베드로의 그물이었다. 내 모든 시간을 투자해 죽기 살기로 공부한 결과가 회사와 프로젝트였고, 그로 인해 애써 이뤄낸 경제적 안정이었다.

즉, 일과 회사는 나의 정체성을 이루고 있었다. 나의 생계 수단이기도 했다. 내가 먹고 쓰는 것들, 내 가족들이 나로 인해 누릴 수 있는 많은 혜택들. 그것들은 모두 회사가 주는 월

급과 복지에서 비롯되었다.

내 모습은 어떠했을까? 베드로였을까 아니면 핑계를 대며 예수님을 따르는 척만 하던 사람들이었을까?

부끄럽게도 나는 핑계를 대며 예수님을 따르지 않던 사람들이었다. 내 대답은 "Yes, Sir!"이었지만, 내 행동은 'Nothing left'가 아니라 "Many things left, please wait"이었다. 대답은 곧잘 "네, 예수님. 따르겠습니다!"라고 했다. 하지만 뭐가 그리 아쉬운 것이 많은지 "잠시만 기다려주세요. 제게 아주 많은 일이 남아있는데…. 조금만 더 기다려주세요!"라고 핑계를 댔다. 믿는 척만 하던 사람들을 그렇게 정죄했었으면서, 내가 딱 그 모습이었다.

믿는 척만 하는 사람. 대충 믿는 사람.

예수님은 늘 우리에게 질문하신다.
"다 버리고 나를 따라올 수 있겠니?"

우리는 늘 "네, 예수님! 아무것도 필요 없어요!"라고 답하고 행동해야 한다. 비록 예수님이 지금 당장 다 버리라고 하지는 않으시더라도 우리는 늘 예수님을 위해 모든 것을 버릴 준비가 되어있어야 한다. 주님을 의지하고 전적으로 신뢰함으로써 내려놓을 용기를 구비하고 있어야 한다.

그런데 나는 점점 예수님을 위해 아무것도 버리지 못하겠다고 행동으로 보여드리고 있었다. 몸만 교회에 있고 마음은 회사 일에 가 있을 때가 많았고, 기도하고 묵상하는 시간보다 회사 일을 걱정하며 보내는 시간이 더욱 많았다. 예수님이 얼마나 서운하셨을지 지금 생각해보면 눈물이 나고 아찔하다.

예수님은 철저하게 모든 것을 다 내려놓도록 훈련하셨다. 그래야 천국에 갈 수 있으니까. 주님께서는 내가 모든 것을 다 내려놓았을 때, 다 필요 없다고 고백했을 때 모든 것을 회복시키셨다. 내가 주님과 천국을 위해 모든 것을 내려놓을 준비가 될 때까지 훈련시키며 기다리신 것이다.

더 이상 회사도 일도 경제적인 안정도 욕심내지 않는다. 그런 것 없이도 하나님께서 함께하시면 세상 잘 살 수 있다는 것을 체험했기 때문이다. 세상의 것이 아니라 영원한 천국 소망을 목표로 살아가야 함을 깨달았다. 이제 세상의 썩어질 줄들을 놓고 하나님이 주시는 동아줄을 잡게 되었다.

그런데 세상의 줄과 하나님의 동아줄을 한 번에 쥘 수는 없을까?

없다.

그 이유를 묵상해 보았다.

첫째로, 세상 줄은 나의 위치를 알리는 신호이기 때문이다. 사단은 나를 집어삼키려 다가온다. 세상 줄을 타고 빠른 속도로 다가온다. 세상이 그의 주요 무대이기 때문에 세상줄을 타고 다니는 것이 당연하다. 서로 이해관계가 다르기 때문에 우리는 늘 원수 마귀 사단과 전쟁 중이다. 우리는 반드시 천국에 가고 싶어 하고 사단은 어떻게든 우리가 지옥에 가길 원한다.

인류가 존재한 최초부터 그래왔다. 사단이 아담과 하와가 선악과를 먹도록 유혹한 것만 봐도 알 수 있다. 아담과 하와는 사단의 속임수에 넘어가 선악과를 따먹는다. 이로 인해 우리에게는 태어날 때부터 이미 원죄가 있다. 아담과 하와가 선악과를 먹었을 때부터 우리는 이미 사단에게 졌다. 사단의 꾐에 넘어가 하나님을 등졌을 때 이미 사단에게 지게 된 것이다. 예수님이 사역을 시작하시기 전 사단의 시험을 이기셨을 때 우리는 드디어 사단을 이길 기회를 얻게 된 것이다. 사단과 천국 백성의 전쟁은 이미 시작되었다.

악한 마귀 사단은 우리가 잡고 있는 세상 줄을 타고 간교하게 다가온다. 우리를 삼켜버리기 위해서.

둘째로, 인간은 너무 연약해서 하나님 없이 살 수 없기 때문이다.

아담과 하와는 사단의 세 치 혀에 넘어갔다. 하나님께 의지하지 않고 사단의 유혹을 이겨내기에 너무 연약했던 그들은 사단의 유혹에 넘어가 결국 하나님이 먹지 말라 하셨던 선악과를 따먹었다. 우리라고 아닐 수 있을까? 우리에게는 선악과가 없을까? 탐스러워 보이지만 하나님이 절대로 하지 말라고 하신 것들이 분명히 존재한다.

예를 들어, 내 눈에 보이면서 의지할 수 있는 돈과 같은 우상을 만들고 싶기도 한데, 주님은 분명 그러면 절대 안 된다고 하셨다. 이처럼 돈이 우리의 선악과가 될 수 있다. 우리는 유혹에 쉽게 넘어간다. 그리고 하나님 없이는 그 유혹들을 이겨낼 도리가 없다. 하나님 곁에 머물지 않는 우리는 너무 연약하다. 그래서 우리는 살기 위해 하나님의 줄을 붙잡아야 한다.

살기 위해서.

셋째로, 하나님의 은혜가 크시기 때문이다.

우리는 예수님의 핏값으로 구원받았다. 그 은혜가 너무 커 한 손으로 잡기에는 감당조차 되지 않는다. 한 손으로는 하나님의 줄을 붙잡고 한 손으로는 세상 줄을 잡을 수는 없다. 예수님의 은혜는 너무 커서 두 손으로 꽉 붙잡고 있어도 다 붙잡기 어렵기 때문이다. 이렇듯 온몸을 던져서 붙잡아야 하는 것이 주님의 은혜이다.

천국에 가기 전까지 우리에게는 정말 많은 비바람이 몰아칠 것이다. 원수 마귀 사단은 우리가 천국에 가는 것을 원하지 않기 때문에 온갖 시련을 주고 커다란 비바람이 몰아치게 만들 것이다. 사단은 우리에게서 하나님의 동아줄을 빼앗으려 온갖 애를 쓰고 있으니까.

그렇기에 하나님의 동아줄은 정말 목숨을 걸고 잡아야 한다. 예수님 외에는 천국에 갈 다른 방법이 없다.

주여. 주여. 주여. 감사드립니다.

제 손에 있던 세상 줄을 버리게 하시고

오직 주님의 동아줄을 꽉 붙잡게 해주시니 감사드립니다.

또한 이 시간 다시 한번 회개합니다.

주님께서 부르셨을 때 그러겠노라

말과 행동으로 보여준 베드로와 달리,

저는 온갖 핑계를 다 대며 세상 것에 미련을 가졌습니다.

용서해주시옵소서.

주님께서 십자가에 달리시며 보여주신

사랑과 은혜가 너무도 커서 그 은혜를 잊지 않고 살기 위해

주님의 도우심이 간절히 필요합니다.

주님의 사랑과 은혜를 놓지 않게 하시고

악한 마귀 사단의 간계에서 늘 건져주옵소서.

사랑 많으신 우리 주 예수 그리스도의 이름 받들어

간절히 기도드렸습니다. 아멘.

CHAPTER 16

다 알고 계신대

심령이 가난한 자는 복이 있나니

천국이 그들의 것임이요

마 5:3

너는 기도할 때에 네 골방에 들어가

문을 닫고 은밀한 중에 계신 네 아버지께 기도하라

은밀한 중에 보시는 네 아버지께서 갚으시리라

또 기도할 때에 이방인과 같이 중언부언하지 말라

그들은 말을 많이 하여야 들으실 줄 생각하느니라

그러므로 그들을 본받지 말라

구하기 전에

너희에게 있어야 할 것을

하나님 너희 아버지께서 아시느니라

마 6:6-8

내가 좌절을 넘어서 절망 상태에 있을 때, 앞으로도 뒤로도 어디로도 갈 수 없는 상황일 때도 하나님은 내게 무조건 참고, 용서하고, 사랑하고, 겸손하라고 말씀하셨다.

솔직히 당시에는 이런 명령이 참으로 야속하고 이해가 가지 않았다. 그렇게 하면 바보가 된다고 생각했다. 사회에서는 내가 날카로운 이를 드러내지 않으면 다른 사람이 나를 잡아먹을 것이 분명해 보였다.

실제로도 그랬다. 과장이 나를 모함하고 몰아갈 때 정말 무안했다. 참으면 참을수록 바보 취급을 받았다. 얼마 지나지 않아 사람들이 나를 화도 못 내는 바보로 착각하기 시작했다. 그들은 내가 희생하는 게 당연하다고 우겨댔다.

차라리 나도 과장을 험담하고, 내가 좋을 대로 사건들을 재해석해 떠들어대는 것이 낫지 않을까 싶었다. 괴롭힘과 헛소문에 적극적으로 맞서지 않으면 억울하게 당할 것 같았다. 내가 아무것도 하지 않으면 그가 퍼뜨리는 헛소문을 나도 인정하는 것만 같았다. 아니나 다를까, 사람들은 한쪽 이야기만을 사실로 믿고 그들이 듣고 싶은 대로 소문을 부풀렸다.

너무 답답한 마음에 성경을 폈다. 혹시 맞불 작전을 펴도 된다는 이야기는 없으신지 찾고자 했는지도 모르겠다. 마태복음의 산상수훈 부분을 읽게 되었다.

예수께서 무리를 보시고 산에 올라가 앉으시니
제자들이 나아온지라 입을 열어 가르쳐 이르시되
심령이 가난한 자는 복이 있나니
천국이 그들의 것임이요
애통하는 자는 복이 있나니
그들이 위로를 받을 것임이요
온유한 자는 복이 있나니
그들이 땅을 기업으로 받을 것임이요
의에 주리고 목마른 자는 복이 있나니
그들이 배부를 것임이요
긍휼히 여기는 자는 복이 있나니
그들이 긍휼히 여김을 받을 것임이요
마음이 청결한 자는 복이 있나니
그들이 하나님을 볼 것임이요
화평하게 하는 자는 복이 있나니
그들이 하나님의 아들이라 일컬음을 받을 것임이요
의를 위하여 박해를 받은 자는 복이 있나니

천국이 그들의 것임이라
나로 말미암아 너희를 욕하고 박해하고
거짓으로 너희를 거슬러 모든 악한 말을 할 때에는
너희에게 복이 있나니
기뻐하고 즐거워하라 하늘에서 너희의 상이 큼이라
너희 전에 있던 선지자들도 이같이 박해하였느니라

마 5:1-12

이 이후의 말씀 또한 "노하지 말라. 간음하지 말라. 맹세하지 말라. 악한 자를 대적하지 말라. 원수를 사랑하라. 구제를 은밀히 하라. 외식하지 말라. 세상 보물을 욕심내지 말라. 염려하지 말라. 비판하지 말라. 구하고 찾고 두드리라. 대접받고 싶은 대로 대접하라"이다.

처음 이 말씀을 봤을 때는 너무 억울했다.

'뭐 이런 말씀이 다 있나? 그냥 호구가 되라는 말인가, 아니면 과거에는 세상이 지금처럼 야속하지 않아서 이것이 가능했나?'

하지만 아니었다. 그때나 지금이나 사람 사는 세상은 악이 가득했고, 당시 사람들도 이 말씀을 한 번만 봤을 때는 나와 동일한 생각을 했을 것이다.

그런데 이 억울한 지침들이 전혀 억울한 것이 아니게 되는 근거를 발견했다. 그리고 이 말씀은 천국 가기 위한 처세술의 핵심만을 모은 '족보'임을 알 수 있었다.

> 너는 기도할 때에 네 골방에 들어가 문을 닫고
> 은밀한 중에 계신 네 아버지께 기도하라
> 은밀한 중에 보시는 네 아버지께서 갚으시리라
> 또 기도할 때에 이방인과 같이 중언부언하지 말라
> 그들은 말을 많이 하여야 들으실 줄 생각하느니라
> 그러므로 그들을 본받지 말라
> 구하기 전에 너희에게 있어야 할 것을
> 하나님 너희 아버지께서 아시느니라
>
> 마 6:6-8

예수님은 하나님께서 내 마음과 행동을 늘 보고 계시며 내가 말하지 않아도 미리 알고 계신다고 분명히 말씀하셨다. 즉, 하나님께서 우리가 억울한 것, 착한 일 한 것, 주님을 위해 일한 것, 걱정하는 것, 구하는 것, 미워하는 것을 모두 알고 계신다는 것이다.

이것이 예수님의 규칙이 어리석지 않은 이유다. 하나님이 알고 계신다는 것 하나만으로 어려워 보이는 예수님의 규칙을 진심으로 지킬 원동력을 얻게 된 것이다.

예수님도 산상수훈대로 사는 게 정말 억울하고, 어쩌면 바보 같아 보일 수 있음을 알고 계셨을 것이다. 예수님도 인간의 모습으로 세상을 사셨기 때문에 어쩌면 화를 낼 때는 화를 내고 미워할 사람은 미워하며 사는 것이 세상 살기에 더 편할 수 있다는 것을 아셨고, 예수님의 규칙을 온전히 지키지 못하는 우리의 형편을 이해하셨을 것이다.

그렇지만 천국에 이르려면 반드시 하나님의 규칙을 따라야 하기에 우리가 세상의 법칙대로 서로 미워하고, 복수하고, 걱정하며 살 수는 없다. 그러나 모두가 알 듯 하나님은 그냥 지키라고만 하지 않으셨다. 이미 다 알고 계시니 걱정하지 말고 천국 규칙으로 선하게 살라고 하셨다.

사실 예수님이 시키신 대로 사는데 아무도 알아주지 않으면 어쩌면 화병에 걸려 죽을지도 모른다. 그런데 다른 누구도 아닌 하나님이 알아주신다니!

욕심, 시기, 질투, 미움 등 예수님이 하지 말라고 하신 것은 다 악하고 마음에 많은 짐을 지우는 것들이다. 우리는 욕심을 채우기 위해 얼마나 전전긍긍하고, 남을 미워하기 위해 얼마나 독한 마음을 품어야 하는가. 무엇보다 이것들은 지옥불에 떨어질 수밖에 없는 죄악이며 사단이 좋아하는 먹잇감이다.

산상수훈을 요약하면 주님이 우리에게 이렇게 말씀하시는

것 같다.

"너는 예쁜 마음만 가져, 나머지는 내가 해. 내가 있잖니? 나는 네 필요를 이미 알고 있고, 네게 관심이 아주 많아. 걱정하지 마."

세상 살아가기 피곤하고 억울해도 내가 이길 수 있는 단서가 있다. 은밀히 보시는 주님께서 보고 계시고 기억하신다는 것.

주여. 하나님의 자녀로 이 악한 세상을 살아내며
억울한 일이 참 많사오나,
주여, 주께서 저를 지켜보고 계심을 믿고 의지하나이다.
내 주여, 불쌍하고 약한 마음을 어루만지시고
천국 길로 인도하소서.
늘 주님 주시는 평강이 넘치게 하옵고
세상에 지지 않게 하소서.
간구하오며 우리 주 예수 그리스도의 이름으로
기도드렸사옵니다. 아멘.

"너는 예쁜 마음만 가져, 나머지는 내가 해."

CHAPTER 17

우리에게 끝은 끝이 아니야

아직 예수께서 말씀하실 때에

회당장의 집에서 사람들이 와서 회당장에게 이르되

당신의 딸이 죽었나이다

어찌하여 선생을 더 괴롭게 하나이까

예수께서 그 하는 말을 곁에서 들으시고

회당장에게 이르시되 두려워하지 말고 믿기만 하라 하시고

막 5:35,36

'이제 또 끝이구나….'

프로젝트까지 다 잃은 후 하루하루를 간신히 끝냈다. 상황이 기적처럼 바뀌기만을 기다리는 내 염원과 아무 변화 없이 하루를 끝낸 실망감과 함께.

내가 맡아 진행하는 프로젝트가 없어진 후 내 일상에는 참 많은 변화가 있었다. 하루에 100통이 넘게 오던 메일이 20통 미만으로 줄었다. 하루에 수십 통 오던 전화와 문자, 카카오톡 연락이 끊겼다.

나에 대해 좋지 않은 소문과 소식들이 더 많이 들려왔고, 사람들의 따가운 시선은 더욱 공개적이고 공격적으로 변했다. 그리고 과장이 자신의 승리를 자축하며 우쭐대는 표정과 행동을 지켜봐야만 했다.

사실 내가 모든 것을 잃은 후에 각자의 역할과 책임을 정하는 회의가 정말 많았다. 쉽게 말해 누가 어떤 일을 할지 공개적으로 협의하는 과정이다. 보통은 다른 팀원들과 대화를 통해 어떻게 업무가 배분될지, 본인은 앞으로 어떤 업무를 하게 될지 대충은 알고 회의에 들어가는 것이 일반적이고 과거의 나도 그랬으나, 거의 왕따가 되어 버린 나는 어떤 사전 정보도 없이 그저 '기대감'만을 갖고 회의에 들어갔다.

당시 모두가 업무를 힘들어했고, 내가 봐도 업무의 균형이 깨져있었다. 무엇보다 과장이 너무 힘들다며 다른 팀으로 가겠다고 했기에 회의가 많을 수밖에 없었다(시간이 지난 후, 팀에 남은 직원들은 그가 너무 많은 일을 지연시켜 더는 자신의 선에서 처리할 수 없어 다른 팀으로 갔다고 평가했다).

나는 '이게 기회인가, 이제 회복시켜 주시려나' 하며 엄청 기대했다. 하지만 과장은 다른 팀으로 가는 그 순간에도 나를 업무에서 배제하면서 동시에 왜 아무것도 하지 않으려 하냐며 나를 몰아세웠다. 그는 내가 아무 역할을 갖지 못하게 하려고 애쓰는 사람 같았다.

한번은 내 프로젝트 복귀가 논의되었다. 그런데 모두 내가 하던 수금, 독촉, 정리, 취합 등의 귀찮은 일은 받기 싫어 내 복귀를 마다했다. 내가 하지 않으면 그 업무들을 다 자신들이 해야 하기 때문이다. 난 그렇게 쉽게 함부로 할 수 있는 사람이었다.

"의연이가 옛날처럼 일하면 의연이가 하는 수금, 정리 같은 것은 누가 해요? 나는 그건 받기 싫은데?"

"그럼 의연이는 하던 일 계속하고, 나머지 논의하시죠."

또 내 기대와 억장이 동시에 와르르 무너졌다.

'이렇게 끝인 건가….'

중요한 메일에서는 배제되고 내 메일함에는 공지나 취합 요청 메일이 가득해졌다. 사실 과거 이력이 많이 필요하고 생각을 요하는 취합은 중간 연차가 하는 것이 맞지만, 일반적으로 취합은 그 팀의 막내가 진행한다. 이는 굳이 말하지 않아도 될 정도의 약속이었다. 그러나 내가 이 당시 진행하던 취합은 정말 단순한 복사, 붙여넣기였다.

처음에는 팀장이 내게 취합하라고 지정했다. 당시 팀에 후배가 5명이나 있었던 것을 감안하면 나의 자존심을 꺾으려는 팀장의 의도가 다분했다. 어떤 건은, 팀의 막내는 아니었지만, 조금이라도 예쁨받고 싶기도 했고, 사랑하라는 하나님의 말씀을 실천할 요량으로 자원해 도맡기도 했다.

그러면 사람들이 반성할 줄 알았는데 아니었다. 후배들조차 으레 내가 허드렛일을 다 하는 것으로 이해하고 먼저 나서지 않았다. 또한 이미 내 마음이 불난 집이었는데, 내가 하던 프로젝트를 맡은 사원이 내 앞에서 힘들다고 툴툴거리며 불 난 내 마음에 부채질을 해댔다.

과장은 끝까지 나에 대한 안 좋은 헛소문을 퍼날랐고, 모든 사람이 나를 그리 보는 것 같아서 이 집단을 떠나고만 싶었다. 아무도 다시 만나고 싶지 않았다. 회사 관련된 것은 카카오톡, 메시지 등 내 사적인 영역에 절대 저장하지 않았다. 다이어리에 회사 사람 이름조차 적기 싫었고, 회사 밖 곳곳에서 회사 심볼을 보는 것조차 거북했다.

성경을 읽으며 이런 내 마음과 비슷한 마음이었을 것 같은 사람을 발견했다. 바로 회당장 야이로였다(막 5:21-43). 아무 기적도 일어나지 않아 목이 타는 듯한 답답함을 느끼다

보니 그의 심정이 절절히 이해됐다.

딸이 곧 죽을 것 같은 가슴이 미어지는 순간에 그가 붙잡을 것은 오직 예수님 뿐이다. 그런데 이런 다급한 상황에 예수님은 꽤 여유로워 보이신다. 가면서 다른 병자도 고쳐주신다. 야이로는 속이 타들어 갔을 것이다. 어쩌면 자신의 딸에게 빨리 달려가 주지 않으시는 예수님이 야속하고 원망스러웠을지 모른다.

그때 한 사람이 와서 딸이 이미 죽었으니 예수님을 괴롭게 하지 말라고 전한다. 야이로는 '이제 끝이구나' 하고 억장이 무너졌을 것이다. 죽음은 인간이 생각할 수 있는 가장 끝단이니까. 예수님이 원망스러웠을 것이다.

'아니, 저 혈루증 앓던 환자가 자신의 옷자락에 손을 댄 것을 굳이 드러내셔야 했나?'

이런 마음에 야속하기도 했을 것이다. 그런데 예수님은 두려워하지 말고 믿기만 하라고 하시며 야이로의 집을 방문하신다. 통곡 소리와 죽음으로 인한 처절한 좌절이 지배하던 그곳. 예수님은 아이가 죽은 게 아니라 잔다고 말씀하신다. 모두가 비웃었다. 하지만 예수께서 "달리다굼!"(내가 네게 말하노니 소녀야 일어나라)이라 외치실 때, 죽었던 소녀가 벌떡 일어난다. 성경에는 기록되어 있지 않지만, 야이로는 인간이 느낄 수 있는 가장 큰 기쁨을 느꼈을 것이다.

달리다굼의 역사는 언제 일어났는가? 두려워하지 말고 믿기만 하라는 예수님의 말씀에 순종할 때만 일어났다. 성경에 기록하지 않았으나 야이로는 지푸라기라도 잡는 심정으로 그 말씀에 순종했을 것이다. 예수님이 살려주신다고 하셨으니 딸이 반드시 살 거라는 믿음을 가졌을 것이다.

그는 나처럼 불평, 불만, 원망부터 하거나 스스로의 분에 못 이겨 예수님을 원망하지도 않았을 것 같다. 그에게 예수님의 기적이 바로 일어난 것을 보면 말이다.

그렇다. 예수님의 기적은 나를 내려놓고 온전히 주님만을 의지했을 때 가능하다. 주님이 끝났다고 하실 때까지 끝난 것이 아님을 굳게 믿고 두려워하지 않을 때, 끝까지 예수님 옷자락이라도 붙들고 있을 때 일어난다.

나도 이 달리다굼의 역사를 바라고 또 바랐다. 모두가 나를 비웃을 때, 예수님이 기적을 베푸시고 힘주시길 바랐다. 모두가 내가 끝났다고 하고 나도 덤덤히 받아들일 때 보란 듯이 역전시켜주시기를, 나를 비웃던 그들을 비웃어주시고 나를 세워주시기를 말이다.

하지만 기적은 주님이 내게 가르치시려 했던 많은 교훈을 내가 몸으로 부딪쳐 가며 익힐 즈음에 일어났다. 내 속에 있던 분노와 원망의 응어리가 풀어지고 서서히 평안을 찾자 모든 게 회복되었다. 내가 붙잡고 있던 세상 것을 완전히 놓았을 때 하나님께서 역사하셨다.

프로젝트는 회복되고, 나를 괴롭히던 상사들이 다른 팀으로 이동했으며, 그들의 평판이 무너지기 시작했다. 두려워하지 말고 믿기만 하라던 예수님의 말씀을 믿자 드디어 달리다굼의 기적이 일어났다.

주여. 저는 연약합니다. 저는 죄인입니다.

주님 없이는 매일 패배의 삶을 살 수밖에 없습니다.

그간 주님의 섭리를 기다리지 못하고

주님의 선하심을 의심했던 것 모두 용서해주세요.

주님. 주님의 강하신 팔 놓지 않고 승리하게 하옵시며,

주님이 끝이라 하실 때까지 좌절하지 않게 하시고,

세상이 주는 헛된 패배감에 지지 않게 하옵소서.

지키실 것을 믿사오며 예수님의 이름으로 기도드렸습니다.

아멘.

CHAPTER 18

그저 좋아서 믿는 거야

예수께서 돌이키시며 베드로에게 이르시되
사단아 내 뒤로 물러 가라 너는 나를 넘어지게 하는 자로다
네가 하나님의 일을 생각하지 아니하고
도리어 사람의 일을 생각하는도다 하시고
이에 예수께서 제자들에게 이르시되
누구든지 나를 따라오려거든 자기를 부인하고
자기 십자가를 지고 나를 따를 것이니라
누구든지 제 목숨을 구원하고자 하면 잃을 것이요
누구든지 나를 위하여 제 목숨을 잃으면 찾으리라

마 16:23-25

나는 성경 인물 중 베드로를 특히 좋아한다. 그는 지극히 평범한, 어쩌면 세상적 지식은 좀 부족한 어부였다. 하지만 예수님을 대하는 태도만큼은 섬세했고, 비범하리만큼 용감했다.

그는 항상 예수님을 향한 올바른 신앙 고백을 했다. 믿음도 좋았다. 겁도 없이 예수님에게 바다 위를 걷게 해달라고 청했다. 무식하리만큼 대범했다. 예수님이 대제사장에게 심문받으실 때, 모두가 도망하기 바빴지만 베드로는 그 집 뜰 안까지 찾아갔다. 예수님을 세 번 부인하기도 했지만, 곧바로 눈물로 회개했다. 예수님을 팔고 회개할 용기조차 못 냈던 가룟 유다와는 사뭇 다른 모습이다.

예수님도 이런 베드로를 참 예뻐하셨다. 기도하실 때 그를 따로 데리고 가셨고, 흔쾌히 물 위를 걷게 해주셨다. 그런데 성경에 예수님이 베드로를 크게 꾸짖으시는 장면도 나온다 (마 16:21-28).

사실 처음에는 말씀이 이해되지 않았다. 예수님이 왜 베드로를 꾸짖으셨는지 전혀 납득이 가지 않았다. 표면적으로 보면 베드로에게는 예수님이 십자가에 달리실 만큼 약한 분이 아니라는 확신이 있었던 것 같다. 그래서 그가 예수님이 절대 십자가에 달리실 일이 없을 것이라 고백한 것으로 보인다.

나라면 이런 베드로를 칭찬할 것 같은데, 예수님은 오히려 베드로에게 "사단아 물러가라"라고 하신다. 그러나 자세히 보면, "하나님의 일을 생각하지 아니하고 도리어 사람의 일을 생각하는도다"라고 말씀하신 부분에서 왜 예수님이 그를 꾸짖으셨는지 알 수 있다.

당시 베드로는 예수님을 따르며 여러 기적을 직접 체험했고, 점점 예수님을 로마의 압제에서 자신들을 해방시키실 '왕 중의 왕'이라고 생각하게 된 것 같다. 또한 예수님이 왕이 되셔서 자신들을 위한 현명한 정치를 해주시길 바랐을 수도 있다. 나아가 그런 분의 제자인 자신이 여러 관직 중 한자리는 할 수 있으리라 기대했을 수도 있다.

한 가지 확실한 것은, 베드로가 순간적으로 하나님의 일보다 인간적인 욕심을 품었다는 것이다. 그 생각을 간파하신 예수님이 하나님의 일에 인간의 욕심을 섞지 말라고 경고하셨다.

은 30냥에 예수님을 팔았던 가룟 유다도 마찬가지였다. 그의 욕심은 베드로보다 더 컸다. 그런데 예수님이 힘없이 십자가에 달리신다고 하시니 얼마나 황당했겠는가? 그는 예수님이 십자가에 달리시고 부활하시는 것이 영적으로 어떤 의미가 있는지 전혀 생각하지 않았고, 그저 자신이 이 세상에서 높은 자리를 차지하지 못한다는 것에 집중했다.

가룟 유다에게 예수님은 더 이상 효용 가치가 없어졌다. 그래서 그는 대제사장과 서기관들에게 예수님을 팔아넘겼다.

이런 제자들의 모습을 보며 이런 생각이 들었다.

'나는 왜 예수님을 믿었을까?'

그 목적이 혹시 세상에서의 안락한 삶은 아니었을까. 돈, 명예, 권력, 좋은 친구 등 인생의 성공과 안락한 삶을 바랐던 건 아닐까. 예수님이 그런 것들을 내게 주시기를 기대하고 바라는 마음에서 믿은 건 아니었을까. 내가 하나님께 구해온 것들이 다 무엇이었을까. 하나님을 향한 내 신앙 고백과 감사 찬양, 인류 구원을 위한 뜨거운 기도는 진심일까?

나는 부끄럽게도 '공부를 잘하게 해주세요', '좋은 직장에 가게 해주세요', '좋은 짝을 만나게 해주세요', '건강하게 해주세요', '좋은 사람들을 만나게 해주세요' 등 삶을 잘살아가기 위한 기도만을 해왔다. 하나님나라 확장을 위한 기도나 하나님께 감사와 찬양을 올리는 기도보다 더 많은 시간을 할 애해 이 세상에서의 안락한 삶을 구했다.

교회에서 봉사하며 내게 떨어질 콩고물을 기대했던 것은 아니었을까. 비록 매 순간이 그렇지는 않았겠지만, 혹여나 한순간이라도 그런 적은 없었을까.

그래서 예수님에게 당연하다는 듯이 프로젝트의 회복과 좋은 사람들만 만나 행복해지는 축복을 내놓으라고 한 것 아닐까? 이제껏 예수님을 믿는 행위를 했으니 그 대가로, 마치 맡겨놓은 짐을 내놓으라는 듯, 주님께 회복과 축복을 기대한 건 아니었을까.

혹시 나도 베드로처럼 한순간 주님의 일에 내 욕심을 기대하지 않았을까, 가룟 유다처럼 예수님이 필요 없다고 느껴지면 믿음을 쉽게 버리지는 않을까 반성하고 또 반성했다.

하나님의 훈련을 거치면서 어쩌면 유다와 같이 하나님의 일에 인간의 욕심을 섞었을지 모른다.

'이렇게 기도하고, 봉사하고, 찬양하니 하나님께서 이 훈련을 빨리 끝내주시겠지, 이 훈련을 끝내시고 내게 더 큰 프로젝트를 주시고 인간적 관계들을 회복해주시겠지.'

이렇게 바랐던 순간이 있었다. 하나님의 훈련을 끝내는 방법은 그분이 내게 가르치실 것을 체화하며 깨닫는 것인데, 여전히 훈련의 끝에 내 인간적인 욕심을 바랐던 것이다.

하나님의 뜻대로 사용하시기 위해 나의 약한 점들을 강하

게 만드시는 훈련을 하신 것인데, 인간적 욕심을 섞었던 것일 수 있다.

하나님은 나를 온전한 천국 백성으로 만드시려고 이 훈련을 주셨다. 이 삶에서의 성공을 위해서가 아니었다. 더 큰 프로젝트를 맡아 승진하기 위해, 부자가 되기 위해서가 전혀 아니었다.

설사 내가 나중에 하나님께 축복을 받아서 세상에서 큰 영향력을 가진 사람이 되더라도, 그것은 이 세상에서의 영광을 누리기 위함이 아니다. 오직 그것은 주님께서 주님의 일에 활용하라고 내게 주신 도구일 것이다.

만일 그리스도 안에서 우리가 바라는 것이
다만 이 세상의 삶뿐이면 모든 사람 가운데
우리가 더욱 불쌍한 자이리라

고전 15:19

사도 바울이 하신 말씀이다. 세상의 것은 다 부질없다. 그리스도 안에서 내가 바라는 게 고작 이 세상에서 내가 안락하게 살고, 내 욕심을 채우는 것이라면 지키기 어려운 하나님의 명령을 지키고 살고, 하나님이 싫어하시는 인간의 욕망을 줄이는 것은 참으로 어리석은 일이다.

하나님의 계획에 내 인간적 욕심이 섞이지 않길, 앞으로의 훈련에는 내 욕심이 아니라 하나님의 선하신 계획을 먼저 살피는 내가 되길 바라며 기도하고 있다.

하나님, 하나님의 훈련을 통해
제 삶에 깊게 개입해 주셔서 감사합니다.
주님께서 제 삶을 주관해 주셔서
이 세상의 유혹을 다 뿌리치고

반드시 천국 백성이 되게 하시며,

주의 일에 힘쓰게 하옵소서.

어떤 순간에도 다 썩어질 세상 일을 욕심내지 않으며,

주님을 제 성공의 수단으로 삼는 엄청난 죄를 짓지 않도록

도우시고 인도하여 주시옵소서.

감사드리오며 사랑 많으신 우리 주 예수님의 이름으로

기도드렸습니다. 아멘.

CHAPTER 19

그렇지 않아도 괜찮아

한밤중에 바울과 실라가 기도하고

하나님을 찬송하매 죄수들이 듣더라

이에 갑자기 큰 지진이 나서 옥 터가 움직이고

문이 곧 다 열리며 모든 사람의 매인 것이 다 벗어진지라

행 16:25,26

하나님께서는 늘 감사하라 하시는데 그 이유가 뭘까? 극한 공포와 괴로움에도 감사하고, 죽을 만큼 괴로울 때도 감사하라고?

감사하면 떠오르는 사람이 있다. 바로 사도 바울이다. 그의 삶을 보면 절대 감사할 일이 없는데 늘 감사하며 살았다.

그는 엘리트였다. 그런 그가 예수님을 만나고 수없이 옥에 갇혔다. 똑똑하고 신분 좋은 사람이 매를 맞고 쫓겨 다니기 시작했다. 과연 그가 무엇으로 감사했을지 이해가 안 됐다.

그러나 이번 훈련을 통해 왜 늘 감사해야 하는지 알 수 있었다. 교회를 좀 다녀본 사람이라면 바울과 실라가 빌립보 감옥에 갇혔을 때, 찬양과 기도로 감옥의 문이 열렸다는 이야기는 들어봤을 것이다(행 16:16-40).

바로 그 사도 바울의 삶은 '그리 아니하실지라도 감사해요'라고 요약할 수 있다. 바울이라고 매를 맞고 살고 싶었을까, 자신의 신분을 다 버리고 천대받고 싶었을까, 옥에 갇히고 싶었을까. 그런데도 그는 항상 감사 찬송과 기도를 했다.

빌립보에서도 마찬가지였다. 귀신 들린 여자를 도운 것뿐인데, 실컷 매를 맞고 옥에 갇혔다. 솔직히 억울할 만도 했다. 하나님 보시기에 좋은 일을 했는데도 매를 맞고 옥에 갇혀야 한다니.

나 같으면 "하나님이 시키신 일을 하는데 왜 이렇게 하시나요?"라고 따졌을 법도 한데, 그는 오히려 감사했다.

사도 바울의 삶에서 우리는 언제, 어디서나 감사할 수 있음을, 또 그렇게 해야만 함을 알 수 있다. 그리고 감사가 갖는 엄청난 힘도 발견하게 된다.

우리는 왜 감사해야 할까?

첫째, 예수님의 십자가 은혜로 구원받았기 때문이다. 우리는 사단의 압제에서 벗어나 죽어도 죽지 않고 천국 시민이 될 수 있다. 세상의 그 무엇이 이보다 귀할까?

내가 부자든 거지든, 원하던 꿈을 이루었든 아니든 늘 감사할 수밖에 없다. 나를 위해 고귀한 예수님이 십자가를 지셨다는 사실 하나만으로, 그로 인해 내가 천국에 갈 수 있다는 사실 자체만으로 그 어떤 것과도 바꿀 수 없는 감사의 이유가 된다.

내가 구원받았다는 것으로 내 모든 불행은 상쇄가 된다. 죽을 수밖에 없는 죄인인 내가 구원을 받았다는 것 하나만으로도 감사해야 할 이유가 100가지는 넘는다.

둘째, 하나님은 세상 만물을 창조하셨고, 능치 못하심이 없는 분이시기 때문이다. 특히 하나님은 오류가 없으시기에 우리는 그분이 이끄시는 대로 개입하시는 대로 따라가면 된다. 하나님은 절대 실수하지 않으신다. 하나님이 실수하실 확률은 0퍼센트다. 그런 분이 시련을 허락하셨다면 분명한 이유가 있을 것이다. 비록 인간의 머리로는 이해하거나 납득하지 못하더라도.

완벽한 하나님은 온전한 계획으로 우리를 이끄신다. 늘 바쁘게 일하신다. 그래서 우리는 지금 힘들더라도 영원히 힘들지 않을 것이다. 하나님의 때가 됐을 때 분명 상황을 역전시키실 것이다. 그것을 믿고 지금 이 순간 감사할 수 있다.

하나님께서 내 인생에 깊게 개입하셔서 깨닫게 하신다는 것은, 내가 지옥에 가지 않도록 전지전능한 하나님께서 늘 지켜보고 계신다는 것이다. 때에 따라 적절한 조치를 취하신다는 뜻이다. 세상 만물을 창조하신 하나님께서 내 인생의, 내 영혼의 멘토가 되어주신다니. 이보다 더 큰 축복과 감사의 이유가 또 있을까.

완벽한 하나님은 온전한 계획으로 우리를 이끄신다.

내 인생에 실수로 된 일은 하나도 없다.

마지막으로, 하나님은 합력하여 선을 이루신다. 하나님의 액션에는 모두 이유가 있다. 그래서 주어진 상황에 감사하며 최선을 다하는 것이 인간인 내가 할 수 있는 일이다. 나는 결과에 책임을 지지 않아도 된다. 하나님께서 책임을 지시기 때문이다.

인간의 눈에는 머피의 법칙처럼 모든 것이 내게 불리하게 돌아가도, 하나님께서 상황을 허락하신 데에는 이유가 있다. 우리는 시간이 지나 그것을 알 수도 있고, 아님 영원히 모를 수도 있다.

하지만 주님께서 반드시 합력하여 선을 이루신다. 그렇기에 지금 당장 어떤 상황에 놓였더라도 감사할 수 있다. 지금 모든 일이 안 풀린다고 하더라도, 하나님께서는 기가 막힌 타이밍과 상황으로 내게 축복하실 것이다. 아마 그때가 오면 과거에 일이 잘못 풀린 게 감사하다고 여기게 되지 않을까?

과거 나는 하나님을 잊어갔다. 하나님과 더 멀어져 어쩌면 정말 지옥에 떨어질 수도 있었다. 치열함밖에 몰랐던 나는 쉬지도 못하고 죽어갔을 것이다. 몸도 마음도 영혼도.

더 일찍 프로젝트가 회복되었더라면 혹은 빼앗기지 않았더라면 나는 더 불행했을 것이다. 하지만 주님께서 정하신 때가 되니 주님의 뜻을 깨달아 행복하고 이 경험을 함께 나눌 수 있어 감사하다.

지금은 상사의 괴롭힘과 프로젝트를 잃은 것이 천만다행이라는 생각까지 든다. 하나님께서 내 삶에 개입하지 않으셨더라면 나는 끝까지 죄인으로 살다가 죽었을 것이다. 지금도 그 생각만 하면 소름이 끼친다. 내 훈련이 아직 끝나지 않았기에, 내게 남아있는 많은 훈련에 더 감사하다.

이제 나는 그 선하신 뜻을 온전히 믿는다. 그리고 하나님께 감사드린다. 그리 아니하실지라도 감사드린다. 다른 이유가 있어서가 아니다. 모든 과정에서 하나님께서 나와 함께하시고 나를 돌보시기 때문이다.

내 모든 순간은 실수가 절대 없으신 주의 계획 속에 놓여있다. 나는 최선만 다하면 된다. 내 인생에 실수로 된 일은 하나도 없다. 모든 것은 하나님의 치밀한 계획 속에 있다.

어떠한 이유를 대지 않아도 그저 감사드립니다.

늘 제 삶을 돌보셔서 감사드리고,

제가 천국 갈 수 있도록 늘 지켜봐주셔서 감사합니다.

앞으로도 제 삶에 깊게 개입하실

하나님을 늘 믿고 의지합니다.

언제, 어디서나, 어떤 상황에서도

감사할 수 있도록 믿음과 은혜 내려주세요.

주의 은혜와 평강이 항상 함께하기를 간절히 바라오며,

예수님의 이름으로 기도드렸습니다. 아멘.

사랑하기

CHAPTER 20

나도 죄인이야

너희가 만일 너희를 사랑하는 자만을 사랑하면
칭찬받을 것이 무엇이냐
죄인들도 사랑하는 자는 사랑하느니라
너희가 만일 선대하는 자만을 선대하면
칭찬받을 것이 무엇이냐
죄인들도 이렇게 하느니라
너희가 받기를 바라고 사람들에게 꾸어주면
칭찬받을 것이 무엇이냐
죄인들도 그만큼 받고자 하여 죄인에게 꾸어주느니라
오직 너희는 원수를 사랑하고 선대하며
아무것도 바라지 말고 꾸어주라
그리하면 너희 상이 클 것이요
또 지극히 높으신 이의 아들이 되리니
그는 은혜를 모르는 자와 악한 자에게도 인자하시니라
너희 아버지의 자비로우심같이 너희도 자비로운 자가 되라

눅 6:32-36

돌이켜 생각해보면, 훈련받던 내 모습 중 후회되는 부분이 많다. 무엇보다 하나님께 너무 죄송하고 한없이 부끄럽다.

'내가 조금만 더 참고 그들을 선하게 대할 걸. 그들을 사랑으로 더 품을 걸. 옹졸하게 굴지 말 걸.'

당시는 몸과 마음이 지치고 아파 힘든 상황을 평안히 풀어갈 여력이 없었다. 시간을 되돌려 그 시절을 다시 보내라고 하면 조금 더 지혜롭게 해결할 수 있을 것 같은데….

나는 그냥 교회에 다니는 것만이 아니라고, "나는 예수님 믿는 사람"이라고 사람들에게 자신 있고 당당하게 말해왔다. 그런데 고작 사람들의 괴롭힘과 편견 어린 시선에 열과 성을 냈다. 부끄러웠다. 사단에게 진 것 같기도 했다. 하나님의 선한 싸움을 내가 방해한 건 아닌지 찜찜해졌다.

나를 괴롭히던 그 과장에게도 부끄러웠다. 내게는 과장의 잘못을 정죄할 수 있는 권한이 없는데, 마치 있는 것처럼 행동했다. 그를 죄인이라고 정죄했다. 매일 그를 저주하고 나만의 형량을 정해 심판했다. 하나님의 자녀라고 의기양양 떠들면서도 그를 사랑으로 품지 못했다.

그는 자신의 공로를 인정받고 싶어 하는 사람이었다. 그런데 팀장과 담당 임원은 그를 인정하지 않았고, 오히려 새파랗게 어린 신입인 나를 예뻐했다. 그에게는 한없이 엄격한 그들이 내게는 살가웠다(담당 임원이 나를 예뻐해주었던 것은 모두 하나님의 은혜였다. 내 결점을 감추시고 좋은 면만 보이도록 하신 것이었다. 그때 깨닫고 잘했어야 했다).

그는 생각했을 것이다. 그의 야근은 아무도 걱정하지 않으면서 왜 의연이는 임원이 자신을 불러서까지 근무시간을 챙겨주는지 너무 불합리하다고 말이다. 그는 내게 모질게 대한다고 담당 임원에게 혼도 났다. 과장은 내가 꼴 보기 싫었을 것이다. 신입사원 주제에 팀장과 담당 임원에게 예쁨 받는 나를 위협적으로 느꼈을 수도 있다.

과장은 하나님을 모르는 사람이었다. 하나님의 도움 없이 혼자 아등바등 살아야 했다. 밤늦도록 야근하고 상사들에게 아부하는 게 습관이 된 불쌍한 사람이었다. 나는 적어도 입사 전까지는 하나님과 함께하며 살았지만 그는 내내 혼자 외롭고 고달프게 살았을 것이다.

그런 그를 사랑으로 품어주지 못했다. 내가 부족했다. 불쌍한 그를 위해 기도하고 그에게 구원이 있기를 소망했어야 했다. 그의 괴롭힘에 분노만 할 게 아니라, 그의 처지를 이해하고 그를 위해 기도했어야 했다.

그를 사랑으로 품어주지 못했다.

그의 괴롭힘에 분노만 할 게 아니라,

그의 처지를 이해하고 그를 위해 기도했어야 했다.

생각이 이쯤에 이르니 저절로 '나는 죄인이로소이다' 싶었다. 한때 과장과 관계를 대화로 풀려고 했었다. 그러나 나의 재판장 같은 태도는 여전했다. 여전히 과장을 죄인으로 규정했고, 내 자비에 의해 그가 용서를 받을 수도 있고 그렇지 않을 수도 있다고 선을 그었다.

그와 대화를 하며, 그가 하는 말들을 평가하기 시작했다. 학생이 어떤 이야기를 하는지에 따라 용서를 결정하겠노라 다짐한 선생님처럼 그의 말을 하나하나 분석하고 그의 태도에 점수를 매겨가며 대화를 이어갔다. 그러다가 그가 얼토당토않은 말을 하면 다시 얼굴을 붉히며 반론하기에 바빴다. 그의 잘못을 일깨워주겠노라 다짐하고 논리적인 척하며 과장을 타이르듯 대화했다. 그의 거짓말과 억지에 지쳐 결국 과장이 나를 괴롭힌 증거를 잡겠다고 다짐했다.

과장에게 끊임없이 "제게 이렇게 하셨었죠?" 투로 이야기하기 시작했다. "방금 이렇게 말씀하셨죠?", "이러이러하게 말씀하셨는데, 맞죠?" 등으로 말이다.

어느새 과장의 이야기는 안 들리고 내 이야기, 그가 잘못 생각하고 있는 이유를 나열하고 있었다. 그의 감정에 공감하기보다는 내 감정에 공감하지 못하는 그를 힐난했다.

지금의 내가 그때의 내게 조언한다면, 이 한마디를 꼭 덧

붙이라고 말하고 싶다.

"미안해요. 내가 그 부분을 이해하지 못했고 부족했어요."

이 말은 안 하고 자신이 하고 싶은 이야기만 늘어놓아 서로가 서로의 판결자가 되니 언성이 높아졌다. 좋게 마무리하자고 시작했던 대화는 결국 '그와 나는 안 되겠다'라는 확신만 심어주었다. 오히려 과장에게 느낀 내 분노만 대놓고 들켰다. 소득은 없고 창피함만 늘었다.

예수님은 성경에서 사랑에 대해 많은 말씀을 하셨는데 나는 이를 실천하지 못했다(눅 6:27-38). 늘 하나님의 딸이라는 소명을 잊고 행동했다. 본분을 망각했고 이기적이고 오만했다. 내게는 하나님의 특명이 있는데, 하나님께서 분명 무조건적인 사랑을 보이라 하셨는데, 그 부분을 놓쳤다.

'나는 절대 죄인이 아니다'라고 생각하여 교만해졌고 착각 속에 살았다. 부끄러웠다. 나는 죄인이고 하나님의 딸이라는 특명이 있음을, 나는 절대 판결자가 아님을 죽는 날까지 마음에 새길 것이다. 죄인인 나를 인정하고 하나님을 닮아 용서와 자비를 전하는 사람으로 살아가고 싶다.

하나님 나의 아버지.

죄송합니다.

하나님의 선한 딸로서 모범을 보이지 못하고

사랑하라는 주님의 명령을 실천하지 못했습니다.

그럼에도 불구하고 하나님의 딸이라고

입으로만 떠들고 다녔습니다.

주님의 선한 싸움에 동참하지 못하고

오히려 방해만 했습니다.

하나님, 그런 저 때문에 상처받았을

과장의 마음을 어루만져주시고,

그의 앞길을 축복으로 인도하여 주시옵소서.

주님의 선하신 계획으로 이루시고

천국 백성으로 삼아주시옵소서.

주여, 딸은 너무 부족하고 연약해

또 그런 실수를 반복할 수 있습니다.

아니, 이미 저도 모르는 사이에 반복하고 살고 있습니다.

주님, 용서하시고 붙잡아 주시옵소서.

늘 제 마음에 함께하시어 주님의 고귀한 딸로서의

품격을 잃지 않게 하소서.

주의 사랑 안에 거하기를 간구하오며,

예수님의 이름으로 기도드렸습니다. 아멘.

CHAPTER 21

나도 용서해야 해

너희가 사람의 잘못을 용서하면

너희 하늘 아버지께서도 너희 잘못을 용서하시려니와

너희가 사람의 잘못을 용서하지 아니하면

너희 아버지께서도 너희 잘못을 용서하지 아니하시리라

마 6:14,15

훈련 기간, 매주 토요일에 기도원에 다녔다. 내가 열심히 살았기에 얻었다고 착각한 모든 것 - 프로젝트, 인간관계, 생활의 안정감 등 내 손에서 놓지 않으려던 모든 것을 다 잃고서야 시작한 기도였다.

그 시절에는 주님의 음성을 들으려고 매우 애를 썼다. 기도할수록 성경을 읽을수록 많은 깨달음을 얻었고 점점 치유가 되었다. 하나님께서 왜 이런 시련이 찾아왔는지 일부러 한 번에 알려주지 않으신 것 같기도 했다.

신앙은 운동 같은 것이라서 아무리 누가 알려줘도 스스로 경험하고 체화하지 못하면 언젠가 그 깨달음과 그 감동을 잃어버린다. 그래서 모든 것을 직접 체험하고 경험하기까지 하나님의 훈련은 끝나는 법이 없다. 누가 대신해줄 수도 없다. 온전히 내가 감내하고 겪어야 한다. 천국 가는 시험에는 절대 대리시험이 있을 수 없다. 누가 누굴 속이겠는가.

훈련의 괴로움을 빨리 극복하는 방법도 기도밖에 없다. 기도해서 하나님의 뜻을 구하는 것 외에는 할 수 있는 일이 없다.

누누이 말했듯, 나는 아직도 훈련 중이다. 나를 지독히도 괴롭히던 과장은 다른 지역의 부서로 갔고, 그에 대한 사람들의 평가가 부정적으로 바뀌었다. 조직에 새로운 사람도 많이 들어왔고 팀장님도 좋은 분으로 바뀌었다. 그럼에도 나를 향한 사람들의 뿌리 깊은 편견과 무시는 여전히 존재한다. '하나님께서 왜 안 끝내시지, 내가 뭘 아직 덜 배웠나?' 하는 불안마저 엄습할 때도 있다.

그래서 잠시 쉬어가던 기도원을 다시 찾았는데 그곳에서 들은 목사님의 설교가 내 마음을 또 한 대 때렸다. 내게 아직 다 치유하지 못한 상처가 남아 있었는데, 그 부분을 딱 건드리는 말씀이었다. 바로 '용서'였다.

그렇다. 나는 과장도 나를 괴롭혔던 사람들도 이제 밉지는 않다. 정말 밉지는 않은 것이다. 그러나 여전히 그의 이름을 듣는 게 불편하고 사람들이 나를 어찌 볼까 불안하기도 하다. 맞다. 사실 나는 그들을 용서하지는 못했다.

용서하지 못하는 무거운 마음을, 그 무거운 짐을 아직도 내려놓지 못했다. 하나님께서 그것까지 내려놓으라고 기다리시는 듯했다. 그 독한 마음을 품고 어떻게 살려고 하느냐는 부모님의 걱정 어린 표현 같기도 했다.

또 너희는 기도할 때에 외식하는 자와 같이 하지 말라

그들은 사람에게 보이려고 회당과 큰 거리 어귀에서 서서

기도하기를 좋아하느니라 내가 진실로 너희에게 이르노니

그들은 자기 상을 이미 받았느니라

너는 기도할 때에 네 골방에 들어가 문을 닫고

은밀한 중에 계신 네 아버지께 기도하라

은밀한 중에 보시는 네 아버지께서 갚으시리라

또 기도할 때에 이방인과 같이 중언부언하지 말라

그들은 말을 많이 하여야 들으실 줄 생각하느니라

그러므로 그들을 본받지 말라

구하기 전에 너희에게 있어야 할 것을

하나님 너희 아버지께서 아시느니라

그러므로 너희는 이렇게 기도하라

하늘에 계신 우리 아버지여 이름이 거룩히 여김을 받으시오며

나라가 임하시오며 뜻이 하늘에서 이루어진 것같이

땅에서도 이루어지이다

오늘 우리에게 일용할 양식을 주시옵고

우리가 우리에게 죄지은 자를 사하여 준 것같이

우리 죄를 사하여 주시옵고

우리를 시험에 들게 하지 마시옵고 다만 악에서 구하시옵소서

(나라와 권세와 영광이 아버지께 영원히 있사옵나이다 아멘)

너희가 사람의 잘못을 용서하면 너희 하늘 아버지께서도
너희 잘못을 용서하시려니와
너희가 사람의 잘못을 용서하지 아니하면
너희 아버지께서도 너희 잘못을 용서하지 아니하시리라

마 6:5-15

이 말씀은 예수님이 기도의 올바른 내용과 태도 등 기도의 방법을 가르치신 부분이다. 주님은 외식하며 기도하는 것은 안 된다고 가르치셨다. 또한 하나님께서 은밀한 중에 보시고 우리가 필요한 것을 이미 다 알고 계시니 세상 것을 구하지 말고 주기도문처럼 기도하라고 알려주셨다.

다만 남을 용서하라고 하신 그 한 가지가 마음에 걸린다. 그렇다. 올바른 기도, 즉 올바른 삶의 태도, 올바른 하나님과의 대화법은 반드시 내 원수를 용서하는 것을 포함한다.

"힘들어도 어쩌겠어요. 용서하라시는데."

목사님이 하신 그 말씀이 내게 확 와닿았다. 목사님은 용서해야 한다고 여러 번 강조하셨다. '이제는 용서할 차례'라는 마음이 계속 왔다. 그날은 기도하면서 또 울었다. 전처럼 엉엉 울지는 않았지만 닭똥 같은 눈물이 계속 흘렀다.

조곤조곤 하나님께 말씀드렸다.

'아버지, 그들을 용서하기가 너무 어려워요. 제가 이렇게까

지 힘들었는데 그들을 어떻게 봐주나요?'

그들의 괴롭힘 때문에 하나님께 차라리 죽여달라고 기도했었다. 늘 가위, 칼 등을 가지고 다녔고 정신과 치료를 받았다. 엄마의 일상은 나를 감시하고, 분에 겨워 난리 치고 방방 뛰는 나를 달래고, 함께 울며 하나님께 기도하는 것이었다. 눈에 진물이 나도록 제발 딸을 살려달라 애원하는 것이었다.

주변 목사님들과 전도사님들, 엄마까지 날 달래며 한 얘기가 있다. 그런 사람도 용서할 수 있어야 한다는 것이었는데, 나는 그럴 때마다 미워할 자유도 없냐고, 왜 그 자유마저 빼앗으려 하냐며, 미워하기라도 하지 않으면 억울해 내 속이 터져버릴 것 같다고 답했다. 하나님도 그들을 미워해주지 않는데 나라도 미워해줘야 한다고 했다.

그 후로 누구도 내게 쉽사리 그를 용서하란 말을 꺼내지 않았다. 이모도 나를 위해 기도하는데 하나님께서 나를 그냥 두라고 하셨다 했다. 하나님께서 직접 하시겠다고. 엄마를 생각해서라도 그들을 용서하고 나를 다독이라 조언했던 이모도 이 응답을 받고서 더는 내게 용서를 권하지 않았다. 그 정도로 내 마음의 병이 깊었다.

나는 모든 일이 그렇겠지만 그 누구도 아닌 하나님만 푸실 수 있는 응어리들을 가득 안고 있었다. 나는 깨달아야 할 것이 많았고 특히 가장 어렵다는 사랑과 용서를 훈련받고 있었다. 기도하고 찬양하고 깨닫고 회개하고 돌아서기를 반복했다. 그래서 그나마 많이 나아진 상태가 용서도 미움도 하지 않는 것이었다.

그러던 중 하나님께서 내게 더욱 적극적인 액션을 원하셨다. 나는 용서하기가 너무 어렵다고 하소연했다. 많이 기도했다. 하나님께서는 그래도 해야 한다고, 그게 승리라고 하셨다. 하나님께서 그럼에도 용서해야만 한다고 말씀해주시니 마음이 한결 가벼워졌다. 이유는 모르겠지만 하나님이 그렇게 하라고 하시니 해야만 했다. 용서해도 좋다고 생각했다. 그것이 내가 살아온 방식이고, 하나님의 법도이며, 피조물이 조물주를 대하는 예의라고 생각했다.

그런데 아마 선행되는 다른 깨달음들 없이 용서해야만 한다고 하셨다면, 이 훈련의 과정을 통해 나를 향한 하나님의 사랑을 보여주지 않으셨다면 용서하라는 말이 내게 절대 와닿지 않았을 것이다. 오히려 고삐가 풀린 망아지처럼 더욱 날뛰었을 것이다.

어쩌면 나는 용서할 수 있는 이유를 찾고 있었는지도 모른다. 그런데 무슨 이유가 있어서가 아니라, 그냥 그렇게 해야만 한다는 주님의 말씀에 마음이 자유로워졌다. 처음으로 그들이 용서받고 천국에 가도 된다고 생각했다.

주님. 아시지요?

제가 받았던 상처가 큰 만큼 그들을 용서하는 것은

제게는 너무도 어려운 일입니다.

그러나 주님, 주의 뜻대로 하시옵고

제 마음을 주관하여 주셔서 그들을 용서하게 하옵소서.

주님의 선하신 뜻으로 이루어주시옵소서.

제 마음을 주장하여 주시길 간구하며,

사랑 많으신 예수님의 이름으로 기도드렸습니다. 아멘.

CHAPTER 22

부르기만 하면 돼

그가 찔림은 우리의 허물 때문이요

그가 상함은 우리의 죄악 때문이라

그가 징계를 받으므로 우리는 평화를 누리고

그가 채찍에 맞음으로 우리는 나음을 받았도다

사 53:5

지금 생각해보면 정말 다행이지 싶고 어쩌면 기쁘기까지 하다. 프로젝트를 되찾고 나를 괴롭히던 상사들이 이동하는 등 상황이 조금이나마 괜찮아졌기 때문일까? 앞서 말했듯 나의 훈련은 여전히 진행 중이기에 상황이 더 나아져서 다행인 것 같지는 않다.

기도할 때 하나님께서 내게 이리 말씀하셨다.

"그곳은 대충 믿는 사람들이 많아."

이 말씀의 뜻이 무엇일지 곰곰이 생각해봤다. 그곳이 내가 다니는 회사임을 직감적으로 깨달았다. 내가 다니는 회사에는 믿는 사람이 정말 드물다. 간혹 교회에 다닌다고 하는 사람을 보기도 하는데 가고 싶을 때만 교회에 가는 사람이었다.

자리에 말씀을 붙여놓는 신입사원이 입사했을 때 반가웠던 것도 잠시, 자리에 말씀은 붙여놓고도 어제 누구와 술을 마셨는지 자랑하거나 나서서 술 마시러 갈 사람을 찾는 모습에 의아하기도 했다. 정말 세상 한가운데에서 교육을 받았구나 싶은 사람들도 많고, 그래서 나와는 상반된 가치관에

멍해질 때가 많다. 따라서 상황이 객관적으로 나아져서 다행인 것은 아니다.

지금의 내가 다행이고 기쁜 이유는 하나님의 관심을 받고 있다는 확신이 있기 때문이고 하나님이 주신 달란트대로 사용되고 있기 때문이다. 그리고 무엇보다 내게는 하나님의 이름을 잊지 않는 '희망'이 있기 때문이다.

많은 세상 사람들이 자살을 선택한다. 누군가는 그냥 자살한 그 사람의 정신력이 약해서라고 얘기하기도 한다. 하지만 겪어본 사람의 입장에서 자살한 사람의 심리상태를 단순히 '안 좋다' 혹은 '약하다'로만 규정지으며 단순화시킬 수 없을 것 같다.

자살하는 사람들, 그리고 자살하고 싶은 사람에게는 '근본적인 희망'이 없다. 그들은 도저히 뭘 어떻게 해야 눈앞의 문제들을 해결할 수 있는지, 자신이 왜 그런 우울한 감정에 빠지게 되었는지 모른다. 싸우고 싸우다 결국 헤어지는 연인들은 더 이상은 싸워도 답이 없기 때문에 이별을 택하게 된 것이다. 무슨 말을 해도 상대에게 더 이상 희망이나 기대가 남아있지 않을 때 친구든 연인이든 이별을 택한다.

예수님을 믿는 사람들도 죽고 싶을 만큼 힘들 때가 찾아온다. 아무 '희망'도 없을 때. 그리고는 큰 죄책감에 빠진다.

'나는 예수님을 믿는데 하나님이 대체 내게 왜 그러시지?'

생각이 여기까지 닿으면 하나님에 대한 분노와 원망이 찾아온다. 혹은 그저 눈물을 뚝뚝 흘리며 이렇게 말하기도 한다.

'하나님. 제발 저 좀 살려주세요.'

원망이든 살려달라는 구조신호든, 무엇이 되었든 하나님의 이름을 찾고 있다면 참 다행이다. 우리가 하나님의 이름을 잊지 않고 있다는 사실만으로 하나님께서 우리를 포기하지 않으셨다는 증거가 되기 때문이다.

그가 찔림은 우리의 허물 때문이요
그가 상함은 우리의 죄악 때문이라
그가 징계를 받으므로 우리는 평화를 누리고
그가 채찍에 맞음으로 우리는 나음을 받았도다

사 53:5

우리에게는 허물도 죄악도 정말 많았다. 그러나 다행히도 예수님의 십자가로 평화와 나음을 입게 되었다. 전지전능하신 예수님이 직접 징계를 받으시고 채찍을 맞으심으로. 우리는 하나님께 그런 사람들이다. 독생자 예수를 내어줄 만큼 사랑하시는 존재.

정말 악 소리도 안 나게 힘들 때 그저 한숨을 쉬는 것처럼 하나님을 부르더라도, 그저 '주여…' 정도만 해도 하나님 이름을 잊지 않고 있다는 점에서 우리에게는 '희망'이 있다. 아주 작은 소리라도 우리가 먼저 하나님을 찾으면 아버지 하나님께서 바로 달려오실 것이기 때문이다.

하나님께서는 이것을 이미 성경에 기록해 두셨다. 성경은 예수님이 십자가에 달리실 때 예수님을 배신했던 수많은 사람 중 베드로와 가룟 유다, 이 둘을 특별히 따로 언급하고 그들의 상반된 결말을 보여준다.

베드로는 예수님을 모른다고 세 번 부인한 후 "내가 진실로 네게 이르노니 오늘 밤 닭 울기 전에 네가 세 번 나를 부인하리라" 하신 예수님의 말씀대로 닭이 울기 시작하자 예수님을 배신했다는 죄책감에 휩싸인다. 베드로는 눈물로 회개하며 주님에게 매달린다. 그는 예수님을 기억했다. 하나님께서는 자책하는 베드로가 동시에 하나님의 이름을 기억해 죄를 회개하도록 인도하셨다.

그러나 가룟 유다는 예수님을 팔아넘긴 죄책감에 둘러싸여 자살을 선택한다. 어찌할 바를 몰라 그저 스스로 생을 끝내는 죄악을 저지르고 만다. 그 순간 가룟 유다는 예수님을 기억하지 못했다. 그랬기에 회개할 용기조차 내지 못했다. 성경에 차라리 태어나지 않았으면 좋을 뻔했다고 기록된 가룟 유다의 마지막은 예수님 없이 쓸쓸하고 외로웠다.

아주 작은 소리라도 우리가 먼저 하나님을 찾으면
아버지 하나님께서 바로 달려오실 것이기 때문이다.

어떤 고난 가운데에서라도 하나님의 이름을 기억해 낸다면 우리는 살 수 있다. 지금 우리가 어떠한 모습이든 상관없이 하나님이 우리를 절대 포기하지 않으셨기 때문이다.

모든 것은 시간문제일 뿐이다.

'아고, 하나님…'

그 순간 승리는 이미 우리의 것으로 정해졌다.

‘아고, 하나님…’

아웃트로

내가 들려주고 싶었던 이야기는 모두 끝났다. 완전히 지쳐버린 당신에게, 하나님의 연단이 너무 버거운 당신에게, 그럼에도 하나님께서 꽉 붙들고 놓지 않는 당신에게 이 이야기들을 꼭 들려주고 싶다.

To. 샬롬, 오늘이 힘겨운 당신에게

오늘은 평안하십니까?
오늘 하루도 무사하셨기를,
주님의 이름으로 축복합니다.
이 이야기를 듣고
마음 편히 잠자리에 들 수 있는 분도 계실 테지만,
아마 대다수는 마음이 곤고하고 지쳐서

살아갈 힘조차 없다고, 하나님이 계시기는 하시냐고
토로하시는 분일 것입니다.
하루하루를 버겁게 사는 많은 분들에게
꼭 들려드릴 말씀이 있습니다.

하나님은 살아 계십니다.
예수님은 결코 지지 않으십니다.
성령님은 실수하지 않으십니다.
하나님이 정말 안 계시다고 믿는 분들은
이 이야기를 선택해 읽지도 않았을 것입니다.
그저 너무나도 믿고 있는 하나님이,
너무나도 의지하는 그분이
왜 나를 돌보지 않으시냐고,

내게 왜 한 말씀도 안 하시냐고
답답한 마음을 토로하고 싶은 거겠지요.
저도 그랬습니다.
하나님이 살아 계심을 알기에 더 서글펐습니다.
하나님의 훈련 기간은 수많은 '왜'의 연속이었고,
지금 훈련을 받고 있는 많은 분이
저와 같으시리라 생각됩니다.
하나님이 일하지 않으신다고 원망했습니다.
나를 버리고 누구를 택하시는 것이냐고,
대체 나를 버리고 무엇을 택하시냐고 물었습니다.
나는 하나님이 가장 소중한데,
하나님께는 제가 가장 소중하지 않으시냐고,
그러면 왜 지금까지 지키시고 하나님을 믿게 하셨냐고,
내가 뭘 잘못했냐고, 왜 버려져야 하느냐고 통곡했습니다.

그러나 여러분, 하나님은 반드시 살아 계십니다.
늘 저를 보고 계셨고

주신 훈련을 힘들어하는 저를 보시며
마음 아파하셨습니다.
제 원통한 눈물에 예수님은 피눈물을 흘리셨고,
딸의 모든 짜증과 분노를 묵묵히 받아내셨습니다.
딸이 언제나 깨닫고 이 훈련을 끝낼 수 있을까
늘 세심하게 살피셨고,
울다 지쳐 잠든 딸을 포근히 안아주셨습니다.

제가 그 증인입니다.
돌아보면 훈련 때만큼
제 영혼이 평안했던 적이 없었습니다.
주님께 친밀하게 응석 부리던 때가 없었습니다.

하나님은 늘 일하고 계셨습니다.
사단이 제게 많은 시험을 주시는 것을 허락하셨지만,
그가 하나님의 허락 범주 이상으로 저를 괴롭히지 않을지,
제가 완전히 무너져 버리지 않을지

늘 관찰하고 분석하고 계셨습니다.
언제고 딸이 다 깨닫고 이 훈련을 마칠 수 있도록,
최적의 타이밍을 찾아 합력하여 선을 이룰 수 있도록
기회를 만들어가고 계셨습니다.
약해빠진 저를 대신해 사단과 싸우고 계셨습니다.
앞서 제가 깨달은 많은 하나님의 가르침들을 설명 드리고,
성경 어디에 나와 있는지도 자세히 풀어드렸지만,
이 글이 모두 사라진다고 하더라도
한 문장만은 지키고 싶습니다.
"하나님은 살아 계십니다."
살아서 역사하시고, 지키시며, 주관하십니다.
〈God is not dead〉라는 영화는
이런 구호로 끝이 납니다.
"God is not dead. He is surely alive."
이 메시지처럼,
하나님은 절대 죽지 않으시고, 분명히 살아 계십니다.

예수님은 절대 지는 법이 없으십니다.
이미 수천 년 전부터 우리에게 말씀하셨습니다.
주께서 세상을 이기었노라 말입니다.
죽을 수밖에 없는 나 같은 죄인,
천하디 천한 이 한 목숨을 영생으로 이끄시기 위해
그 고귀한 분께서 이 땅에 오셨고,
그 모진 채찍질과 조롱을 견디시며
십자가에서 돌아가셨다고 말입니다.
사람들의 조롱에 마음이 무너지고,
모진 채찍질에 살이 찢기고,
십자가의 그 무지한 못에 뼈가 으스러져
너무도 고통스러웠지만,
내 딸, 내 아들 너 하나를 살려서 좋으셨다고 말입니다.
그리고 약하디약한 저를 위해
사단과 대신 싸워서 이겼으니,
주님의 희생으로
모든 것을 승리로 이끌었으니 걱정하지 말라고,

이후로도 영원토록 나 예수가 지는 일은
절대 없다고 말씀하십니다.
그런 예수님이 나를 사랑하시고,
보듬고 지키고 계시니 부디 염려하지 말고
걱정하지 말라고 말입니다.
절대 질 일이 없으니 걱정 말고 예쁜 마음으로
세상을 살다가 다시 예수님 품으로 와달라고 말입니다.
예수님은 매일 승리하고 계셨습니다.
저를 지옥으로 끌고 가려는
저 악한 마귀 사단으로부터 저를 지키셨습니다.
제게는 한없이 온화하고 인자하게 말씀하셨고,
사단을 강력하게 저지하셨습니다.
사단이 더 이상 제게 다가오지 못하도록
제게 있던 세상의 욕심들을 내려놓게 하셨습니다.
제게 많은 깨달음을 주시고 사랑하심으로써
악한 마귀 사단의 권세와 속박에서
저를 완전히 분리하셨습니다.

그럼에도 사단이 주는 분노, 욕망, 시기 등의
마음에 넘어간 것은 약한 저였습니다.
그럼에도 예수님은 늘 저를 재촉하시며
사단의 영향력에서 벗어나게 하셨습니다.
알곡이 다칠까 모든 것을 불태워버리시지는 않으셨지만,
분명 세상 쭉정이 속에서 저를 주님의 알곡으로 삼으시고
섬세하게, 제가 다치지 않게 세상에서 건져내셨습니다.
예수님은 절대 지지 않으십니다.

마지막으로, 성령님은 실수하는 법이 없으십니다.
그 모진 훈련들 속에서 넘어지지 않는 법은
단 한 가지로 요약될 수 있습니다.
성령님은 절대 실수하지 않으신다는 것을
기억하는 것입니다.
언제나 성령님의 계획, 최종 목표는
우리를 천국, 최후 승리로 인도하시는 것입니다.
우리의 삶에 발생하는 모든 일은

하나님의 전지전능하심 아래

다 철저하게 계획되어 있습니다.

전지전능하신 하나님이시기에

목표도, 계획도, 그것을 이루기 위한 행하심도

단 한 치의 어긋남이 없습니다.

인간은 한 치 앞을 내다볼 수 없는 존재이고,

완벽하다는 컴퓨터 프로그램들도 오류를 범하지만,

그분은 이 완벽한 우주의 질서를 만드셨고

단 한 차례도 실수하신 적이 없으십니다.

그래서 고난이나 훈련이 다가올 때,

주어진 상황에만 집중해 숨어버리거나

하나님을 원망하기보다는

대체 왜 이런 일이 생겼는지,

이 안에 하나님의 어떤 섭리가 있으신지를

기도를 통해 알아내야 합니다.

하나님께서 내게 주신 상황에는

분명 완전하신 섭리가 있기에,

회개할 부분은 회개하고,
묵묵히 믿고 기다려야 할 부분은 기다려야 합니다.
하나님의 커리큘럼이 있었고,
제가 그 커리큘럼대로 배울 수 있도록
성령께서 인도하시고 지키셨습니다.

제가 하나님의 뜻을 늦게 깨달은 것도
그분의 계획 속에 있었다는 생각이 듭니다.
미성숙한 모습으로 받았던 훈련,
맨땅에 헤딩하듯 아무런 준비 없이 받았던 훈련이기에
더 많은 것을 깨닫고 몸과 마음에
온전히 새길 수 있었습니다.
그리고 이렇게 글로 제 경험을 간증할 수도 있었습니다.
무엇보다, 온전히 변화 받을 수 있었습니다.
하나님께서 제게 바라시는 비전을 깨달았기에,
다시는 일이나 세상 사람들과의 관계에 연연하지 않습니다.

모두에게 주어진 하나님의 훈련은 다 다릅니다.
하지만 하나님의 훈련 목적은 모두 같습니다.
사랑하는 내 자녀를 천국으로 인도하는 것.
그래서 저는 오히려 훈련에 감사드립니다.
하나님께서 제가 천국 가기를 열렬히 바라시고
제가 천국에 갈 수 있는지 없는지를
늘 체크해 피드백 주신다는 뜻이기 때문입니다.
비록 길게는 100년의 시간이 힘들 수는 있으나,
이를 통해 영생은 늘 평안할 것임을 믿기 때문입니다.

자, 이제 처음에 드렸던 질문을 다시 드리겠습니다.
샬롬! 오늘은 평안하시지요?
여러분의 삶이 늘 주님이 주시는 평안으로 가득하길
주님의 이름으로 축복합니다.

SHALOM

하나님 아버지. 감사합니다.

비록 부족한 딸이지만,

주께서 제게 가르치신 것을 많은 사람과 공유하고

하나님의 은혜를 나누도록 이 책을 허락하심을 감사드립니다.

주여, 이 책이 주의 선하신 뜻을 이루실 때

조금이나마 도움이 되게 하여 주시옵소서.

제가 잘못 쓰거나 죄를 지은 것이 있다면

모두 용서하여 주시옵고

주께서 이 글을 읽는 사람들의 마음을 주관하시사

주 뜻대로 옳게 읽힐 수 있는 은혜를 베풀어 주시옵소서.

주여, 이 글을 읽는 모든 사람에게

제가 느꼈던 감동을 느끼게 하여 주시옵고,

샬롬의 은총으로 늘 평안하게 하옵소서.

오늘은 평안하냐는 제 질문에

"알고 보니 어제도 오늘도 내일도 평안합니다"라고

답할 수 있는 복된 사람들로 가득 채워 주시옵소서.

이 글이 주님의 선하신 뜻을 이루는 데 사용되는

복된 도구가 되게 하여 주시옵소서.

어제도 오늘도 내일도 주의 뜻대로 역사하시사

주를 믿는 자녀들에게 평안을 허락해 주시옵고

믿지 않는 자들에게는 주님 믿는 축복을 허락하여 주옵소서.

비록 세상은 너무도 각박하고 답답하여 두렵지만,

주님의 꽃길로 늘 인도하여 주시옵소서.

주의 선하신 뜻이 이루어지길 간절히 바라오며,

우리 주 예수님의 이름으로 기도드렸습니다. 아멘.

너무 죽고 싶어서 너무 살고 싶어요

초판 1쇄 발행 2020년 11월 2일
초판 3쇄 발행 2020년 12월 4일

지은이 의연
그린이 유세은

펴낸이 여진구
책임편집 최현수
편집 이영주 안수경 최은정 김아진 정아혜
책임디자인 노지현 | 마영애 조아라 조은혜
기획·홍보 김영하
마케팅 김상순 강성민 허병용
제작 조영석 정도봉
해외저작권 기은혜
마케팅지원 최영배 정나영
경영지원 김혜경 김경희

303비전성경암송학교 유니게과정 박정숙 최경식
이슬비전도학교 / 303비전성경암송학교 / 303비전꿈나무장학회 여운학

펴낸곳 규장

주소 06770 서울시 서초구 매헌로 16길 20(양재2동) 규장선교센터
전화 02)578-0003 팩스 02)578-7332
이메일 kyujang0691@gmail.com 홈페이지 www.kyujang.com
페이스북 facebook.com/kyujangbook 인스타그램 instagram.com/kyujang_com
카카오스토리 story.kakao.com/kyujangbook
등록일 1978.8.14. 제1-22

본문에 'Mapo꽃섬' 서체가 사용되었습니다.

책값 뒤표지에 있습니다.
ISBN 979-11-6504-147-2 03230

이 도서의 국립중앙도서관 출판시도서목록(CIP)은 서지정보유통지원시스템 홈페이지(http://seoji.nl.go.kr)와 국가자료종합목록구축시스템(http://www.nl.go.kr/kolisnet)에서 이용하실 수 있습니다.
(CIP제어번호 : CIP2020045169)

규 | 장 | 수 | 칙

1. 기도로 기획하고 기도로 제작한다.
2. 오직 그리스도의 성품을 사모하는 독자가 원하고 필요로 하는 책만을 출판한다.
3. 한 활자 한 문장에 온 정성을 쏟는다.
4. 성실과 정확을 생명으로 삼고 일한다.
5. 긍정적이며 적극적인 신앙과 신행일치에의 안내자의 사명을 다한다.
6. 충고와 조언을 항상 감사로 경청한다.
7. 지상목표는 문서선교에 있다.

하나님을 사랑하는 자 곧 그의 뜻대로 부르심을 입은 자들에게는 모든 것이 合力하여 善을 이루느니라(롬 8:28)

규장은 문서를 통해 복음전파와 신앙교육에 주력하는 국제적 출판사들의 협의체인 복음주의출판협회(E.C.P.A:Evangelical Christian Publishers Association)의 출판정신에 동참하는 회원(Associate Member)입니다.